KEEP CALM AND THEN WHAM!

Der Notfallplan bei Denkblockaden

REUTINGER
Great Stories

»Ich widme dieses Buch allen Träumern.
Bleibt dran! Es lohnt sich.«

Danke Alice

INHALT

Fotografie: Hans Schlegel, München

Liebe Leserin,
lieber Leser,

Es gibt einen Text von Friedrich Nietzsche, der sich so liest, als sei er für das Vorwort dieses Buches geschrieben worden.
Ist er aber nicht, denn als Nietzsche ihn zu Papier brachte, war der Autor dieses Buches noch lange nicht geboren.

Da der Satz so wunderbar zu dem, was Sie in Händen halten, passt, kommt er nun in voller Länge:

„Ein Buch, wie dieses, ist nicht zum Durchlesen
und Vorlesen, sondern zum Aufschlagen,
namentlich im Spazierengehen und auf Reisen,
man muß den Kopf hinein- und immer wieder
hinausstrecken können und nichts Gewohntes
um sich finden."

Genau so sollte dieses Buch genutzt werden. Als Intervall im Alltag, als eine Oase an der Peripherie unseres Tuns, wo die Geschwindigkeit andauernd zunimmt. Diese Geschwindigkeit birgt die Gefahr in sich, Opfer des negativen Stresses zu werden. Die homöopathische Zufuhr der nachfolgenden Texte trägt zur Entschleunigung bei.

Beim Lesen hört die linke Gehirnhemisphäre auf, über die rechte zu stolpern, und somit trocknet diese nicht aus, und der Leserschaft bleibt Kreativität und Intuition erhalten.

Ob dieser Wirkung ist dieses Buch ein großes Geschenk!

Prof. Jan Teunen
Schloss Johannisberg im November 2021

KAPITEL 01

Flausen im Kopf muss man sich erst mal leisten können.

FLOW prangt in großen Buchstaben auf dem Buch in meinen Händen. Es soll mir Glück bringen. So wie damals. Nie hätte ich gedacht, dass ich hier noch einmal sitzen würde – und dann auch noch neben Florian. Damals waren wir zusammen hergefahren. Ich hatte einen kleinen Koffer dabei, Florian nur ein Sixpack Bier. Ist es wirklich schon drei Jahrzehnte her?, frage ich mich und rechne im Kopf nach. Es stimmt: Vor genau dreißig Jahren saß ich schon einmal genau hier in diesem Raum. Neben Florian. Mit dem *FLOW*-Buch in den Händen.

Damals wussten meine Eltern nichts davon. Meine Mutter machte sich schon genug Sorgen. In meiner Schulzeit waren es die Sorgen um meine Noten. Danach waren es die Sorgen um Geld.

„Verdienst du denn auch etwas mit dem, was du da tust?“, hat sie mich immer wieder gefragt.

„Ja, Mama“, antwortete ich selbst dann, wenn es nicht stimmte. Sie hat nie verstanden, was ich beruflich mache. Sie wollte es auch nicht verstehen. Ihr wäre lieber gewesen, ich hätte die Bankausbildung nicht abgebrochen. Das Lehramtsstudium, das ich danach begann, hat immerhin meinen Vater, der selbst lange als Obermeister der Malerinnung im Prüfungsausschuss war, glücklich gemacht – zumindest so lange, bis klar war, dass aus mir genauso wenig ein Berufsschullehrer werden würde wie ein Bankangestellter.

Denn vor dreißig Jahren saß ich hier an diesem Ort. Und danach wurde alles ganz anders, als es sich meine Eltern für mich gewünscht hatten.

Vor dreißig Jahren war der Raum allerdings voller Tische und es roch nicht, wie heute, nach frischem Popcorn. Doch ich war genauso aufgeregt wie jetzt. Ich erinnere mich, dass ich eine Kurzgeschichte zeichnen sollte, in der das Wort „Hefe“ vorkommt. Ich fand aber, dass „Hefe“ ein selten bekloopptes Wort war und hatte mich innerlich komplett verweigert. Oder anders gesagt: Ich hatte einen Blackout, wie er im Buche steht. Ich weiß noch, dass ich am liebsten meinen Bleistift in die Ecke geworfen hätte und gegangen wäre. Heute habe ich bestimmt keinen Blackout!, versuche ich mich zu beruhigen, schließe die Augen und atme tief ein und aus. Heute bin ich richtig gut vorbereitet! Heute würde sich auch meine Mutter keine Sorgen machen. Im Gegenteil: Sie wäre stolz, dass ich hier sitze. Damals hatte sie nur besorgt den Kopf geschüttelt, als ich es ihr später erzählte.

„Mach doch bitte etwas Vernünftiges“, flehte sie. „Wovon willst du denn leben, Junge?“

Worte wie diese hatte ich oft von ihr gehört. Das erste Mal mit 14, als ich von einem Leben als Comiczeichner träumte.

„Du gehst weiter zur Schule und machst danach etwas, womit man Geld verdienen und eine Familie ernähren kann“, hatte sie da gesagt. „Flausen im Kopf muss man sich erst mal leisten können!“

Also ging ich weiter zur Schule und als ich endlich mein Abi hatte, war mein Kopf voll mit Zahlen, Daten und Fakten. Mein Herz aber war leer: keine Leidenschaft mehr für irgendetwas, was ich mal machen oder werden will, kein Traum mehr von einem Leben als Comiczeichner. Träumen lernt man halt in der Schule nicht. Dabei war ich darin immer gut – als Kind, als Jugendlicher und auch noch heute als Erwachsener. Doch wenn ich auf die Frage, was ich denn so richtig gut könne, mit „träumen“ antworte, schütteln die meisten den Kopf.

„Welche Fähigkeit du hast, ein Talent oder so“, konkretisieren sie dann ihre Frage, als ob ich sie nicht richtig verstanden hätte.

„Ich kann sehr gut träumen“, antworte ich dann jedes Mal stur und werde etwas lauter, als ob ich einfach akustisch nicht zu ihnen durchgedrungen wäre. ‚Träumen zählt nicht', sehe ich sie dann immer denken.

Ja, die Fähigkeit zu träumen zählt im Leben nicht. Wie oft habe ich mir anhören müssen: „Hör auf zu träumen!“ oder „Komm mal in der Realität an!“ Und viele machen das auch, sobald sie aufwachsen: Sie vergessen ihre Träume und gehen zur Arbeit. Oder in die Ausbildung, so wie ich zur Bank. Auf jeden Fall machen sie irgendetwas, das mit ihren Träumen nicht viel zu tun hat. Ich frage mich oft, wie wohl eine Gesellschaft aussehen würde, in der die Menschen morgens mit ihren Träumen aufwachen und dann den Tag damit verbringen, sich diese zu erfüllen. Ich habe irgendwie immer so gelebt, und ich habe gut gelebt – auch wenn es Zeiten gab, in denen ich die Frage meiner Mutter, ob ich denn genug Geld verdiene, nicht stolz und selbstbewusst bejahen konnte. Fürs Träumen wird man leider nicht bezahlt. Warum eigentlich nicht? Waren es denn nicht die Träumer dieser Welt, die uns Wohlstand, Reichtum, Fortschritt und Frieden brachten? Zumindest die Träumer, die gute Absichten verfolgten. Ich hatte immer gute Absichten, und ich bin immer belohnt worden. Vielleicht nicht sofort und auch nicht an gleicher Stelle. Aber jeder Traum, dem ich gefolgt bin, führte mich rückwirkend betrachtet ins Glück. Darum sitze ich heute hier. Darum saß ich vor dreißig Jahren hier. Weil ich ein guter Träumer bin.

Der Saal füllt sich. Ich drehe mich um und sehe meine Liebsten in der letzten Reihe. Sie lächeln mich an, und ich spüre, was sie mir sagen wollen: „Du rockst das schon. Wir sind stolz auf dich." Am ganzen Körper spüre ich die Energie, die sie mir vom anderen Ende des Saales senden. Es tut unglaublich gut. Es tut auch gut, zu wissen, dass um mich herum viele Träumer sitzen, dass ich gleich vor Menschen stehen werde, die meine Sicht auf die Welt verstehen und sich mit mir verbinden werden. Sie werden die Verbundenheit spüren, weil ich ihnen das Gefühl geben werde, nicht alleine auf dieser Welt zu sein, richtig in dieser Welt zu sein, eine Gabe zu haben, die ich ehre, und der ich mit meiner Rede einen Wert geben werde.

Im Saal wird es ruhiger, mein Herzschlag lauter. Ich muss tiefer und länger atmen, um genug Luft zu bekommen. Dann ist es still. Die Direktorin der Hochschule betritt die Bühne. Ich höre nicht mehr, was sie sagt, weil ich in Gedanken meine Rede durchgehe. Habe ich alles? Habe ich die richtige Präsentation auf den Rechner übertragen? Es war heute Morgen alles so hektisch. Bis spät in die Nacht habe ich die Folien überarbeitet, geändert und noch etwas völlig Neues eingebaut. So arbeite ich immer: Auf den letzten Drücker bin ich noch mal richtig gut, dann kommen die starken Ideen und werfen zuweilen schon mal alles über den Haufen, was ich vorher aufgebaut habe. Das ist der Segen und Fluch eines Kreativen. Auch davon werde ich gleich reden. Ich werde auch von meinen Eltern erzählen und wie es ist, ein unvernünftiges Leben zu führen. Ich werde von den Risiken und Nebenwirkungen einer verträumten Seele sprechen.

Dann höre ich meinen Namen und den Applaus der Anwesenden. Ich stehe auf, drehe mich zum Publikum um, verbeuge mich und lächle meinen Liebsten zu. ‚Ich liebe euch', sagt mein Blick. Dann gehe ich auf die Bühne, nehme die Fernbedienung in die Hand und starte die Präsentation. Ich sehe, wie die Augen der Zuhörer plötzlich größer werden. Alle halten für einen kurzen Moment den Atem an. Erschrocken drehe ich mich um. Habe ich doch die falsche Präsentation auf den Rechner der Kunsthochschule gespielt? Ich sehe ein Bild von mir. Auf dem Bild bin ich nackt. Splitterfasernackt. So, wie Gott mich schuf. Ich habe nichts an. Gar nichts.

Ich bin beruhigt. Es ist die richtige Präsentation.

KAPITEL 02

Selbstbefriedigung ist noch kein schöpferischer Akt.

9 Monate früher.

„Hey Babe", empfängt mich Alice freudestrahlend.

‚Hey Babe', wiederholt mein Kopf und analysiert dabei die Frequenz ihrer Stimme. Ich mag es sehr, wenn Alice mich mit „Hey Babe" begrüßt. Es kündigt immer etwas Gutes an. Den Klang, den mein Gehirn jedoch jetzt gerade analysiert, liebe ich ganz besonders, denn dieses „Hey Babe" kündigt etwas besonders Gutes an.

Ich nehme Alice in den Arm und gebe ihr zärtlich einen Kuss. „Erzähl schon", sage ich. „Was ist passiert?"

„Er ist da!", sagt sie sofort.

„Jetzt schon?", frage ich erstaunt und sehe vor meinen Augen den Saug-Wisch-Roboter, den wir gestern Abend bestellt hatten.

„Schon ist gut", sagt Alice und rümpft die Nase. „Es hat doch fast drei Monate gedauert."

Das Bild des Saug-Wisch-Roboters verpufft vor meinen Augen wie die Staubwolke aus einem vollen Staubsaugerbeutel. Dafür steigt eine leise Vorahnung in mir auf, und ein unruhiges Kribbeln erfasst meinen Körper.

„Hast du schon reingeguckt?", frage ich atemlos.

„Ja", sagt Alice kurz und knackig, fast zu kurz und knackig für eine erneute Frequenzanalyse, doch mein Gehirn schafft es trotzdem und signalisiert mir: Es ist eine ziemlich gute Frequenz und demnach wohl auch eine ziemlich gute Nachricht. „Und?"

Alice lässt mich kurz los, ballt ihre Faust triumphierend und ruft dabei ein fröhliches „Ja!“ in den Raum. Ich spüre, wie sich mein ganzes System für Freude entscheidet. Dann nehmen wir uns wieder in den Arm und halten uns ganz fest. Für einen langen Moment genießen wir beide die Stille. Dann lächeln wir uns an und gehen Arm in Arm ins Haus. Was gibt es Schöneres, als jemanden im Arm zu halten, mit dem man ohne Worte alles sagen kann?

Nachdem ich den Brief gelesen habe, bleibt mein Blick am Logo im Briefkopf hängen. ‚Wow!‘, denke ich, das ist jetzt schon dreißig Jahre alt und wurde nicht verändert. Ich kannte den Designer, der das Logo entworfen hatte, mal ganz gut. Wir hatten zusammen studiert. Was er wohl heute macht, überlege ich. Wie hieß er gleich? Ich komme nicht auf seinen Namen. Er wird mir einfallen, wenn ich aufhöre, darüber nachzudenken. Das funktioniert eigentlich immer. Wenn mir irgendein Name nicht einfällt, obwohl er mir auf der Zunge liegt, gehe ich das ganze Alphabet einmal durch und überlege, mit welchem Buchstaben der Name anfangen könnte. Dann mache ich eine Pause, denke an etwas völlig anderes und vertraue darauf, dass mir der Name gleich einfallen wird. Das funktioniert ähnlich wie die Hintergrundaktivitäten meines Telefons: als ob mein Verstand lieber ohne mich die Antwort findet – oder als würde ich meine unbewusste Allwissenheit mit meiner bewussten Unwissenheit stören. Also lasse ich mein Hirn in aller Ruhe den richtigen Namen suchen und denke wieder an damals, an den Wettbewerb unter uns Studierenden. Die Aufgabe: ein neues Logo für die Hochschule gestalten. Ich erinnere mich noch gut, wie begeistert ich von meiner Idee war. Ich hatte die drei geometrischen Grundformen Quadrat, Kreis und Dreieck wochenlang künstlerisch in der Mitte zerrissen und wieder neu angeordnet, damals alles noch ohne Computer. Ich hatte so lange herumprobiert, bis die Buchstaben HBK in einer Form zu lesen waren, die mir gefallen hat.

Christian!, schießt es mir plötzlich in den Kopf, ja, so hieß er. Auch der Nachname fällt mir wieder ein. Die Methode hat erneut funktioniert! Ich werde später mal googeln, was aus Christian geworden ist. Damals hatte er den Wettbewerb gewonnen. Ich meine mich zu erinnern, dass sich Christian viel enger mit einem Professor abgestimmt hatte als ich. Jetzt erinnere ich mich sogar daran, was ich damals fühlte: Ich hatte es als unfair empfunden. Wieder einmal wird mir klar, wie viel Kraft und Chancen ich in meinem Leben schon vergeudet habe, weil ich die Dinge allein schaffen wollte. Ich hatte damals nur meinen eigenen Anspruch im Kopf. Ich war so verliebt in meine Idee, dass ich mir keine Gedanken darüber gemacht habe, was die anderen eigentlich wollen und brauchen. Vor allem die, die darüber entscheiden. Mein tiefster Wunsch war lediglich, ein Logo zu erschaffen, das mir selber gefällt. Und das hatte ich mit Bravour gemeistert. Mir hat es gefallen. Und ich mag die Idee auch heute noch, dreißig Jahre später. Ich kann stolz für mich behaupten, im zweiten Semester schon eine – für meinen Anspruch – zeitlose Idee erschaffen zu haben. Und nun liegt sie in irgendeiner Schublade. Wie viele andere meiner tollen Ideen. So viele Ideen. So viele Träume, die ich schon geträumt habe. Sie liegen alle in irgendwelchen Schubladen, weil mein tiefster Wunsch jedes Mal nur Selbstbefriedigung war.

Christian hingegen hatte offensichtlich damals schon verstanden, wie effektiv Co-Kreation ist. Ich habe für diese Erkenntnis ein Vierteljahrhundert gebraucht – und hätte sie vermutlich auch heute noch nicht, wenn ich vor fünf Jahren nicht Alice begegnet wäre. Alice hat nicht nur mein Herz erobert, sondern auch meinen Kopf aus der Einzelanstrengung befreit. Durch sie ist mir im Laufe der letzten Jahre klar geworden, dass es nicht nur auf die Idee eines Einzelnen ankommt. Selbstbefriedigung ist noch kein schöpferischer Akt. Alice hat mir dabei geholfen, zu verstehen, dass es bei einem 100-Meter-Lauf nicht darauf ankommt, am schönsten zu rennen, sondern als erster durchs Ziel zu kommen. Auch wenn es kacke aussieht. Vor allem aber hat sie mir gezeigt, was mit wahrer Co-Kreation möglich ist. Damals, vor dreißig Jahren, hatte ich den Wettbewerb der Kunsthochschule verloren. Heute, in Co-Kreation mit Alice, habe ich den Wettbewerb gewonnen. Ohne sie hielte jetzt jemand anders diesen Brief in der Hand.

Als ich Alice vor drei Monaten fragte, ob ich mich auf die Ausschreibung der Professur an der HBK bewerben soll, hatte sie zurückgefragt: „Glaubst du denn, dass du besser bist als die anderen?" Zweifel explodierten in alle Richtungen, als hätte ein spitzer Pfeil einen prall mit Wasser gefüllten Luftballon getroffen. Die Frage von Alice ließ mich im Nullkommanix auf Zwergengröße schrumpfen. „Dass du gut bist, weißt du ja, aber glaubst du auch wirklich daran, dass du besser bist?"

„Nein", antwortete ich leise mit gesenktem Kopf. „Tief in mir drin glaube ich nicht einmal, dass ich gut bin."

„Oh doch, Baby", sagte sie. „Du bist gut, und du kannst auch besser als alle anderen Bewerber sein. Aber nur, wenn du auch tief in dir wirklich den Wunsch verspürst, der Beste für die Stelle zu sein."

„Ich wünsche es mir ja," sagte ich, „aber wie wünsche ich es mir wirklich?"

„Das ist ganz einfach", sagte Alice und nahm meine Hand.

„Wir setzen uns jetzt hin und manifestieren deinen Wunsch. Mit all den Gefühlen, die du fühlen willst und mit all den schönen Dingen, die passieren sollen."

Eines dieser schönen Dinge, die wir vor drei Monaten zusammen formulierten, war der Moment, den wir gerade erlebt hatten: als wir uns beide fest in den Armen hielten, uns anlächelten und ohne Worte wussten, dass wir zusammen alles schaffen können. Die Wunscherfüllung hat funktioniert. Den Beweis halte ich gerade in den Händen. Schwarz auf weiß steht es geschrieben. Mit Hochschullogo besiegelt. Ich werde Professor. Meine Antrittsrede wird am 12. Oktober sein.

Antrittsrede?, schießt es mir durch den Kopf. Ich muss eine Antrittsrede halten? Leichte Panik steigt in mir auf, und ich muss mich hinsetzen. Eine kleine Gruppe neugieriger, junger Menschen zu unterrichten, liebe ich. Aber vor einer großen Gruppe Menschen zu stehen und in die vielen kritischen Augen zu sehen, macht mir Angst. Ich sehe plötzlich all meine ehemaligen Professoren und früheren Kommilitonen im Publikum sitzen. Ich erkenne die Koryphäen unter den Lehrenden und die „Stars" aus den höheren Semestern. Ich komme ins Stottern und sehe, wie sie alle hämisch grinsen. Ein schreckliches Grinsen. Dann höre ich ein furchtbares Geräusch, ein verzerrtes Gemurmel, das zu einem dumpfen Brummen mit grellem Zischen wird. Ein ohrenbetäubender Krach – wie aus einer anderen Welt. Panik steigt in mir auf. Ich halte mir die Ohren zu.

„Alice?", rufe ich laut. Sie antwortet nicht. Das Geräusch wird lauter, unerträglich laut. „AAAAALIIIIIICE!"

Doch mein Rufen geht im Brummen und Zischen unter.

KAPITEL 03

Räder raus, du Honk!

„Hey, Professor", höre ich Alice sagen. Es klingt weit entfernt und doch irgendwie ganz nah. „Aufwachen!"

Ihre Stimme ist jetzt ganz präsent.

„Ich bin wach", antworte ich, und im selben Moment wird mir klar, dass ich eingeschlafen war. Ich hatte mich draußen auf die Liege gelegt, um über meine Antrittsrede nachzudenken. Es war herrliches Wetter. Die Sonne hatte schon richtig Kraft und unsere Doppelliege den perfekten Platz: volle Sonne, kein Wind. Jetzt erinnere ich mich, dass mir beim Nachdenken die Augen immer wieder zugefallen sind. Ich schlafe nachts nicht mehr besonders gut. Ich denke zu viel, denke ich. Zu viel Denken bekommt mir nicht, denke ich. Im Moment denke ich zu viel über die Antrittsrede nach. Was soll ich bloß erzählen, was soll ich bloß zeigen? Als Designer habe ich zwar ein paar schöne Arbeiten erschaffen, ok, aber keine davon hat es je in ein Designbuch geschafft. Ich war auch schon oft Jurymitglied bei internationalen Designwettbewerben, ok, aber ich kann selbst keinen einzigen Award vorweisen.

Mein Buch *Mehr Team. Weniger Work* ist ein Bestseller geworden, ok, aber das ist jetzt auch schon wieder über drei Jahre her. Unser Bühnenprogramm *Ein mystischer Abend mit Alice & Jacobs* ist ein voller Erfolg, ok, aber die Antrittsrede muss ich alleine halten.

Neun Wochen ist es her, dass ich den Brief von der Kunsthochschule bekam. Seitdem verfolgt mich diese Antrittsrede bis in meine Träume. Jede Nacht sehe ich das grinsende

Publikum vor mir, das nur darauf lauert, dass ich strauchele. Jedes Mal höre ich das unwirkliche Zischen und Brummen, wenn ich mich auf der Bühne der Aula stehen sehe. Ich habe sogar schon versucht, mir das Publikum nackt vorzustellen. Das hat funktioniert, aber nicht geholfen. Seitdem glotzen und grinsen meine Professoren und Kommilitonen nackt vor mir – ein schreckliches Bild, das mir nicht mehr aus dem Kopf geht. Plötzlich spüre ich, dass mir der Nacken wehtut. Ich muss wohl komisch gelegen haben, denke ich.

„Du hast im Schlaf gezuckt", sagt Alice liebevoll. „Wie Wilma. Das sah echt süß aus."

Wilma ist unsere kleine Mopsdame, die sich gern nachts in unser Bett schleicht. Manchmal wache ich dann auf, weil sie anfängt zu zucken. Ihre kleinen Pfoten bewegen sich dann ganz schnell hin und her, während der restliche Körper still weiteratmet. Manchmal macht sie dabei so ein niedliches Geräusch, eine Mischung aus Fiepen und Bellen. Es ist ganz leise, ganz rhythmisch. Wie süß, denke ich jedes Mal. Doch wenn ich meinen 90-Kilo-Körper auf der Liege hier so vor mir sehe, kann ich mir beim besten Willen nicht vorstellen, was daran süß aussehen soll.

„Weißt du noch, was du geträumt hast?", fragt Alice mich.

„Nein", antworte ich. Die nackten Professoren waren es zur Abwechslung mal nicht.

„Versuche, dich zu erinnern", sagt Alice. „Ich glaube, dass es noch sehr wichtig wird."

Die Intuition von Alice ist unglaublich. Sie kann definitiv Dinge wahrnehmen, die mir verborgen sind. Also schließe ich die Augen und versuche, meine Gedanken zu beruhigen. Ich konzentriere mich auf meinen Atem, so wie Alice es mir beigebracht hat. Ich atme die Sonnenstrahlen ein und meine Nackenschmerzen aus. Es tut gut. Langsam tauchen Bilder auf. Ich sitze in einem Flugzeug. Es ist aber kein modernes Flugzeug, denn überall dampft und zischt es. Wie in einem Jules-Verne-Roman. Ich sehe den Piloten. Ist das Mano?, frage ich mich. Fliegt der wieder? Wieso hampelt er denn da so rum? Mano fliegt die dampfende und zischende Maschine nicht, stelle ich fest. Er sitzt nur da und hampelt rum. Ich höre den Sprechfunk mit. Eine verzerrte Stimme sagt monoton immer den gleichen Satz: „Sie müssen das Fahrwerk ausfahren. Sie müssen das Fahrwerk ausfahren. Sie müssen das Fahrwerk ausfahren.“ Um mich herum herrscht das pure Chaos. Menschen, Koffer und andere Dinge fliegen schwerelos um mich herum. Es ist ein faszinierendes Bild und wirkt irgendwie beruhigend auf mich. Ich sitze völlig entspannt in meinem Sitz und gucke mir die Notfallkarte an, die in einer Lasche auf der Rückseite des Vordersitzes klemmt. „Für ihre Sicherheit“, steht dort. Es müsste die Schriftart Helvetika Bold sein. Darunter steht: „For your safety“. Das müsste dann die Helvetika light sein, denke ich. Die Karte sieht aus wie aus den 80ern.

„Räder raus, du Honk!“, höre ich den Mann über den Sprechfunk plötzlich wütend schreien. Ich muss lachen. Was für ein krasser Kontrast zum monotonen: „Sie müssen das Fahrwerk ausfahren“. Die Menschen, Koffer und anderen Dinge fliegen immer noch um mich herum. Ein Walzer erklingt. Es ist der Wiener Walzer. Es sieht toll aus, wie alles schwerelos dazu tanzt. Ich muss wieder lachen. Mein Lachen wird immer verzerrter. Und mein einziger Gedanke in diesem verrückten Chaos: ‚Diese alte Notfallkarte müsste unbedingt mal jemand neu gestalten!‘

„Wie soll mir das jetzt bitte weiterhelfen?“, frage ich Alice, nachdem ich ihr meinen Traum erzählt habe.

„Keine Ahnung“, sagt sie und fragt: „Fliegt Mano eigentlich wieder?“

„Keine Ahnung“, antworte ich und nehme mir vor, ihn später mal anzurufen. „Pohli hat uns eingeladen“, sagt Alice und wechselt das Thema.

„Oh, wie schön“, antworte ich.

„Er gibt am Samstag eine spontane Feier.“

„Oh, wie schön“, antworte ich.

„Eine Party mit Verkleiden“, ergänzt Alice und guckt mich dabei verschmitzt an. Oh, wie scheiße, denke ich, sage es aber nicht laut, um ihr die Freude nicht zu verderben. Alice liebt Partys. Ich hasse Verkleiden.

„Als was wollen wir denn gehen?“, frage ich vorsichtig. „Hast du schon eine Idee?“ Ich hatte natürlich keine, denn wenn ich etwas hasse oder keinen Bock darauf habe, bekomme ich sofort eine Denkblockade.

„Wir gehen als Biene Maja und Willi“, sagt sie bestimmend, und schon sehe ich uns beide auf dieser Party: Ich sehe, wie die süße Maja fröhlich von Gast zu Gast fliegt und sich köstlich amüsiert – und dann sehe ich den dicken, mürrischen Willi, der traurig und allein in der Ecke steht und mit gesenktem Kopf eine Cola schlürft.

„Nein!“, formuliere ich klar und deutlich mein Veto. „Wir gehen sicher nicht als Maja und Willi!“

Ich hatte sie natürlich sofort durchschaut. Seitdem ich ihr mal erzählt habe, dass man nur einen total blöden Vorschlag machen muss, um die Kreativität bei anderen anzuregen, probiert sie das ständig an mir und den Kindern aus. Wenn sie zum Beispiel fragt: „Was wollen wir denn heute essen?“ und wir sagen, dass uns das egal sei, kontert sie prompt: „Sehr gut, dann gibt es Brokkoli!“ Auf einmal sind alle hellwach und machen die leckersten Vorschläge.

„Ok, Baby, ich bin wieder hellwach", sage ich. „Lass uns einen Kaffee holen und in der Sonne eine coole Idee für die Party finden."

Auf Knopfdruck coole Ideen zu entwickeln, ist mittlerweile unsere Spezialität. Unser Kaffee ist es auch: Die Bohnen lassen wir uns von einer kleinen Rösterei mitten im Hamburger Schanzenviertel liefern. Dieses Mal ist es eine Mischung aus Guatemala, Costa Rica und Nicaragua mit einem Hauch Schokolade, einer Note Pfirsich und einer Prise Walnuss. Ich spüre und schmecke die Sonne.

„Erstmal müssen wir sehen, dass wir dich für das Verkleiden begeistern", schlägt Alice vor.

„Ja, das ist eine gute Idee", sage ich.

„Wie wäre es, wenn wir in deiner Kindheit suchen?", überlegt Alice.

Ich nicke klug, denn ich weiß, dass es eine der besten Kreativtechniken ist, an die eigene Kindheit zu denken. Unsere Kindheit nämlich war voller Experimentierfreude und Entdeckergeist, voller Leidenschaft, Kreativität und Begeisterung, voller Neugier, Naivität und Träumereien – somit ist unsere Kindheit eine große und tiefe Quelle der Inspirationen.

„Denk doch mal darüber nach, was dich als Kind begeistert hat", sagt Alice.

„Ja", antworte ich und bewundere wieder einmal den kreativen Scharfsinn von Alice. Biene Maja fand ich immer gut. *Herr Rossi sucht das Glück* hat mich auch sehr fasziniert. Captain Future. Pippi Langstrumpf. In Gedanken werde ich älter. Time Tunnel. Colt Seavers. Star Trek.

„Vielleicht gibt es irgendein cooles Paar, das dich begeistert hat", überlegt Alice laut.

„Ja, das ist eine gute Idee", sage ich begeistert und sehe

das coole Paar direkt vor meinen Augen. Ich habe es geliebt, oder besser: Ich habe sie geliebt. Emma Peel. Die scharfsinnige und scharfzüngige Agentin im schwarzen Lederanzug. Ich gucke Alice verliebt an und sage: „Emma Peel und John Steed. Aus Schirm, Charme und Melone."

„Ja", sagt Alice, „das ist eine gute Idee."

Es hat wieder einmal funktioniert. Ich bin begeistert.

Die Party kann beginnen.

KAPITEL 04

Ich sehe Dinge, die andere Menschen nicht sehen.

„Die Melone steht dir", begrüßt mich Pohli. Dann nimmt er Alice in den Arm und flüstert ihr etwas ins Ohr. Die beiden kennen sich noch aus ihren wilden Hamburger Clubzeiten. Alice lächelt und schüttelt kaum merklich den Kopf, während ihr Blick sagt: ‚Oh, Pohli, du bist so stumpf.' Ich weiß genau, was er ihr ins Ohr geflüstert hat: „Deine Melonen gefallen mir natürlich viel besser." Oh, Pohli, du bist so stumpf, denke ich. Stumpf, aber auch irgendwie niedlich dabei. Pohli ist groß, muskulös und auf eine sehr männliche Art sehr gut aussehend. Tief in seinem Inneren jedoch ist er ein kleiner verträumter Junge, der nicht erwachsen werden will. Diese Seite zeigt er aber nur, wenn wir mit ihm allein sind.

Das sind wir heute nicht: Es ist schon richtig viel los. Mein Blick bleibt an ein paar Frauen hängen, die komplett grün sind: Die Haare sind grün, die Gesichter sind grün, die Klamotten sind grün. Erst auf den zweiten Blick erkenne ich zwei große, runde Kulleraugen auf den Köpfen. Grüne Krümelmonster?, denke ich. Doch als ich die kleinen Kronen zwischen den Kulleraugen sehe, schnalle ich es.

„Ah, verstehe", sage ich zu Pohli und grinse. „Die Froschköniginnen dort wollen geküsst werden."

Alice sieht fantastisch aus in ihrem schwarzen Lederanzug. Mit einem Rotwein in der Hand drängeln wir uns an Super Mario, einer Nonne und einem Hot Dog vorbei, um uns zu einer Freundin von Alice zu gesellen. Sie sieht aus wie eine Diva aus den 20er-Jahren und unterhält sich mit Joker. Ein zweiter Joker gesellt sich dazu. Fasziniert starre ich die beiden an. Der eine Joker ist geschminkt wie Jack Nicholson in Tim Burtons *Batman,* der andere wie Heath Ledger in Christopher Nolans Verfilmung des dunklen Ritters. Der Nolan-Joker nickt mir zu, und ich verstehe das als Aufforderung.

„Wir müssen uns nicht gegenseitig töten", sage ich in einer albernen, dunklen Stimme und zitiere damit eine Szene aus meinem Lieblingscomic *Batman: The Killing Joke.*

„Dafür ist es zu spät. Viel zu spät", antwortet der andere theatralisch. „Komisch", sagt er dann. „Diese Situation ...", er macht eine Pause, schließt die Augen und fasst sich an die Nase, „erinnert mich an einen Witz."

Ich bin sprachlos: ein Kenner! Nicht genug, dass er das Comic kennt, er kann sogar sofort in den Dialog der Szene zwischen Batman und Joker einsteigen.

Ich spiele unser Spiel weiter: „Da waren diese beiden Kerle in der Irrenanstalt..."

In diesem Moment drängelt sich Homer Simpson zwischen uns durch, Hand in Hand mit dem Typen, der sich als Hot Dog verkleidet hat. Wir gucken uns beide an und müssen lachen. Eine ganze Weile philosophieren wir dann über die Comics von Alan Moore und die Filme von Christopher Nolan, bis er etwas schüchtern sagt: „Darf ich dich mal etwas Persönliches fragen?"

Ich überlege, ob er wieder eine Film- oder Comicszene zitiert.

„Eigentlich ist es eher eine berufliche Frage", höre ich ihn sagen und bemerke, wie sich seine Haltung dabei ändert. Irgendwie wirkt er auf einmal kleiner und ernster. Als ob jemand plötzlich die Schwerkraft drei Stufen stärker gestellt hat. „Klar“, ermuntere ich ihn. „Was möchtest du denn wissen?“

Er habe mein Buch gelesen. Es habe ihn inspiriert, und er habe schon Einiges davon in seinen Alltag übernommen, erzählt er. Aber irgendwie habe er immer noch das Gefühl, in einem Hamsterrad festzustecken. Ich stelle mir vor, wie er in einem überdimensionierten Käfig in einem überdimensionierten Laufrad bis zur Erschöpfung gegen einen Widerstand antritt. Das Bild ist so stark, dass ich den Wahnsinn sogar riechen kann. Ein schwitziger Indianer mit buschigen Achselhaaren balanciert zwei Cocktails über unsere Köpfe an mir vorbei.

„Hast du einen Tipp für mich, wie ich da rauskomme?“, fragt mich der Joker, der, so erfahre ich, im wahren Leben Tom heißt. Ich muss an die Szene in Alan Moores Batman-Comic denken, als Joker sagt: „Wahnsinn ist wie Schwerkraft. Man braucht nichts weiter als einen kleinen Schubs.“

„Mit einem kleinen Schubs ist es nicht getan, Tom“, antworte ich schließlich. „Bei mir waren es im Wesentlichen drei fundamentale Dinge, die ich in den letzten Jahren gelernt habe. Erstens: Ich muss meine Einzelanstrengung kündigen. Zweitens: Ich muss achtsamer für die Welt hinter den Worten sein. Und drittens: Ich muss immer aus der hohen Frequenz heraus handeln.“

Tom guckt mich an, als wäre ich der Riddler. Mit meiner Melone, der Krawatte und dem Regenschirm am Arm fühle ich mich sogar für einen Moment wie der berühmte Gegenspieler von Batman mit den Fragezeichen auf dem Anzug.

„Ich gebe dir ein Beispiel, Tom. Du sagtest, dass du in einem Hamsterrad feststeckst. Das ist ein krasses Bild. Ein Hamsterrad ist ja schon schrecklich. Aber ein Hamsterrad in Verbindung mit feststecken ist in meiner Vorstellung die Hölle. Totaler Stillstand, trotz vollen Kräfteeinsatzes. Wenn ich in dieses Bild hinter deinen Worten eintauche, bin ich sofort wieder in dem Gefühl der Einzelanstrengung, in der Frequenz der Apathie. In diesem Zustand habe ich noch nie etwas Gutes erschaffen."

„Und wie bist du da rausgekommen?", fragt mich Tom.

„Ich habe Alice kennengelernt", antworte ich. „Sie hat mich daran erinnert, wie stark meine wahre Gabe ist. Viel wichtiger aber ist, dass ich durch sie erfahren habe, wie leicht und fruchtbar alles sein kann, wenn Gaben sich in wahrhaftiger Resonanz verstärken, multiplizieren oder sogar potenzieren."

„Was ist denn deine Gabe?", will Tom wissen.

„Ich kann Dinge sehen, die andere Menschen nicht sehen können, und ich kann diese Dinge sichtbar machen."

„Oh", sagt Tom, „das hört sich spannend an, fast schon magisch. Es muss toll sein, so eine seltene Gabe zu haben."

„Sie ist gar nicht so selten", sage ich. „Viele Menschen haben diese Gabe. Ich glaube sogar, dass alle sie haben. Sie wird ihnen nur aberzogen. Nur diejenigen, bei denen die Gabe sehr stark ist, schaffen es, sie nicht völlig zu verlieren. Diese Menschen werden Künstler, Musiker, Autoren, oder eben Designer, so wie ich."

„Wie kann man denn etwas sehen, was nicht da ist?", fragt Tom interessiert.

„Das kann ich gar nicht."

Der Joker guckt mich fragend an. „Aber das hast du doch gerade gesagt?"

„Nein, so habe ich das nicht gesagt", widerspreche ich Tom. „Ich sehe Dinge, die andere Menschen nicht sehen. Das bedeutet nicht, dass die Dinge nicht da sind. Es bedeutet nur, dass die Gehirne der anderen Menschen diese Dinge ausgeblendet haben."

Der Unterschied zwischen Wahrnahme und Annahme – das ist ein guter Ansatz für meine Rede! Ich freue mich über diesen Einfall und frage Tom, was er beruflich macht. Er sei Entwickler in einer Werbeagentur und arbeite eng mit den Kreativen zusammen, erklärt er. Wie diese Zusammenarbeit sei, will ich wissen.

„Eigentlich ganz gut", sagt Tom. „Manchmal wünsche ich mir nur mehr Augenhöhe in der Zusammenarbeit."

„Das ist interessant", sagt Alice, die sich jetzt wieder zu uns gesellt. „Guckst du zu den Kreativen auf oder auf sie herab?"

Tom fällt in eine Art Schockstarre, als hätte sie ihn ertappt. „Bis eben dachte ich eigentlich, dass sie auf mich herab gucken. Wenn ich jetzt aber auf meine inneren Bilder achte, dann stehe ich vor ihnen und schaue auf sie herab."

„Du lernst schnell", lobt Alice ihn herzlich, um sich im nächsten Moment zu entschuldigen: „Ich hoffe, du verzeihst mir, dass ich Mr. Steed entführe."

Dann zieht sie mich zur Tanzfläche. „Heute, morgen, übermorgen", höre ich Mark Forster singen und stimme ihm singend zu. Wir drängeln uns an den grünen Froschköniginnen vorbei. Pohli hat zwei von ihnen bereits im Arm. Ich höre, wie eine dritte ihn fragt, warum er Pohli genannt wird. „Das kommt von Polyamorie", höre ich ihn noch antworten, und denke: Oh, Pohli, du bist so stumpf.

Als wir Stunden später im Bett liegen, kuschelt sich Alice an mich und fragt: „Und? Wie hast du dich als John Steed gefühlt?"

„Das hat Spaß gemacht", sage ich. „Zwischendurch war ich sogar mal der Riddler."

„Das freut mich sehr, wo du doch vorher so davon überzeugt warst, dass du Verkleiden doof findest und nur mürrisch in der Ecke stehen wirst."

„Ich habe übrigens eine Idee für meine Antrittsrede. Ich erkläre den Unterschied zwischen Wahrnehmen und Annehmen."

„Das hört sich gut an", sagt Alice und murmelt leise: „Schlaf gut."

„Du auch", sage ich.

Dann mache ich die Augen zu und schaue an mir herab. An den Seiten meines nackten Oberkörpers sehe ich einen prächtigen Federschmuck. Ich stehe mitten in der Prärie, an einen Materpfahl gefesselt. Um mich herum reiten Cowboys und schießen mit ihren Pistolen wild in die Luft. Dann sehe ich direkt vor mir ein kleines Hamsterrad stehen. Mit der Kraft meiner Gedanken versuche ich, das Tier darin zu überreden, meine Fesseln aufzuknabbern. Der Hamster klettert folgsam aus seinem Rad und krabbelt auf mich zu. Er macht Männchen und glotzt mich dabei an. Dann fängt er an zu grinsen. Aus der Ferne höre ich das Zischen und Brummen. Es wird lauter. Immer lauter.

KAPITEL 05

Ich habe ihn wieder, meinen genialen Gedanken.

Das Zischen und Brummen ist heute Morgen besonders laut. Ich erschrecke mich und hoffe, dass Alice nicht davon wach wird. Es ist Sonntag und erst sieben Uhr, als ich die Kaffeemaschine anmache und sie lautstark anfängt, zu brummen und zu zischen. Wir waren gestern spät im Bett, dennoch lag ich schon seit einer Stunde wach und dachte über das Thema „Wahrnehmen und Annehmen“ nach. Dabei bin ich immer wieder eingenickt und habe sofort von grünen Krümelmonstern, Cowboys und Indianern geträumt. Schließlich fand ich es an der Zeit, aufzustehen und die Gedanken aufzuschreiben, bevor sie wieder weg sind.

Das Aufstehen fällt mir nicht schwer, denn in diesem morgendlichen Dämmerzustand bin ich immer sehr kreativ. Ich habe dann einen besonders schnellen und intensiven Zugang zu den visuellen Welten in mir. Die verrücktesten Ideen fliegen mir nur so zu. Es ist, als ob ich in Bildern denken kann, ganz ohne Sprache – chaotisch, unsortiert, blitzschnell, wild durcheinander. Aber dennoch weiß ich, dass alles irgendwie zusammenhängt. Doch leider sind meine Dämmergedanken so flüchtig, dass ich immer große Mühe habe, sie wieder einzufangen, wenn ich endlich einen Stift und Papier gefunden habe. Wie oft saß ich schon vor einem weißen Blatt und suchte verzweifelt nach den Gedanken, die gerade noch so klar erschienen. So sitze ich auch jetzt wieder vor einem weißen Blatt Papier und ärgere mich, dass ich mir zuerst einen Kaffee gemacht habe, bevor ich den genialen Gedanken aufgeschrieben habe, der mir heute morgen im Bett gekommen war. Beim Einschalten der Kaffeemaschine dachte ich noch: ‚Das ist so gut, das vergesse ich auf keinen Fall!' Doch das laute Zischen und Brummen der Maschine scheint die Idee vertrieben zu haben. Jetzt sitze ich hier mit meinem Kaffee und erinnere mich nicht mehr.

„Ich lerne es nie!", sage ich zu mir selbst und schüttele den Kopf. Es hilft nichts, sich zu ärgern. Humor aber hilft. Fast immer. Darum schmunzele ich über mich und vertraue darauf, dass die Gedanken gleich wieder da sind. Wenn sie wirklich gut sind, dann kommen sie auch wieder, sage ich zu mir selbst und bedanke mich schon mal dafür, dass sie gleich auf meinem weißen Blatt stehen werden.

Ich schließe die Augen und sehe wieder die Cowboys um mich herumreiten. Sie schießen wie kleine Kinder albern in die Luft. Jetzt fällt mir ein Kinderfoto von mir ein. Es war Fasching und ich in der zweiten Klasse. Ich hatte mich als Einziger als Indianer verkleidet, während fünf andere Jungs als Cowboys kamen – als ob sie sich abgesprochen und mir nichts davon gesagt hätten. Die Lehrerin fand es offensichtlich sehr witzig, uns zusammen zu fotografieren. So stehe ich auf dem Bild eingeschüchtert in der Mitte, die anderen Jungs wild posend um mich herum. Ich fühle wieder, was das für ein Scheißtag war und lenke meine Gedanken lieber auf den schönen Abend gestern. Ich denke an die grünen Krümelköniginnen. An die beiden Joker. An Homer Simpson und seinen Hot Dog. Dann sehe ich Alice und mich als Maja und Willi.

„Yes!", rufe ich laut aus und balle dabei triumphierend die Faust. „Ich habe ihn wieder, meinen genialen Gedanken."

Ich freue mich und spüre ein leichtes Kribbeln im Bauch. Dann schreibe ich „Ernie und Bert“ auf das weiße Blatt.

„Ernie und Bert“, wiederhole ich laut. Ich habe Ernie und Bert in meinem Kopf. Alle haben Ernie und Bert im Kopf. So erkläre ich den Unterschied zwischen Annahme und Wahrnahme. Zwischen Wissen und Verstehen. Zwischen linker und rechter Gehirnhälfte. So erkläre ich den Unterschied zwischen sprachlichem und bildlichem Denken. Die Gedanken sprudeln nur so aus mir heraus, bald ist das Blatt vollgeschrieben. Ich nehme ein neues und zeichne eine Skizze von Ernie und Bert darauf. Dann mache ich mir einen zweiten Kaffee und gucke mir auf YouTube ein paar alte „Ernie und Bert“-Folgen an. Herrlich. Kennen meine Kinder eigentlich noch Ernie und Bert?, überlege ich und nehme mir vor, sie später zu fragen. Ich gucke wieder meine Skizze an. Erstaunlich, stelle ich fest: Es reichen ein paar Striche aus, um zu erkennen, wer wer ist. Auf der einen Seite ein breites Grinsen mit leicht schielenden Augen. Direkt daneben macht die Skizze ein langes Gesicht, und zwei fette Striche halb über den Augen lassen es gleich grimmig wirken. Ja, denke ich, so sind die beiden. Der eine ist leicht genervt, erst einmal dagegen und redet nicht viel. Der andere ist immer fröhlich, hat tausend Ideen und plappert wie ein Wasserfall. Mir fallen weitere Gegensätze ein. Der eine ist kleinkariert, der andere großspurig. Der eine ist korrekt, der andere verrückt. Der eine stur, der andere spontan. Der eine väterlich, der andere kindlich. War es nicht sogar so, dass Bert Monster hasst und Ernie Monster liebt? Auf jeden Fall erinnere ich mich noch, dass Bert eine Flaschendeckelsammlung hatte, die er viel aufregender fand als Fasching oder eine Geburtstagsfeier. Das habe ich als Kind nicht so richtig verstanden, jetzt finde ich es sehr lustig.

Ich gehe meinen Freundeskreis durch und überlege, wer ein typischer Bert und wer ein typischer Ernie ist. Auch das finde ich lustig. Dann tauchen die Gesichter einiger ehemaliger Kunden aus meiner Agenturzeit auf. Das finde ich dann nicht mehr so lustig. Hatte ich denn nur Berts als Kunden?, frage ich mich und denke an den Joker von gestern Abend. Manchmal wünsche er sich mehr Augenhöhe bei der Zusammenarbeit, hatte er gesagt. Vor meinem inneren Auge erscheint der Marketingleiter der Bank, für die wir gearbeitet haben. Ein echter Bert. In meinen Erinnerungen sehe ich ihn in seinem Lederstuhl sitzen und mich stehend davor. Ich gucke auf ihn herab. Das ist nicht auf Augenhöhe, fällt es mir wie Schuppen von den Augen. Das war es auch nie, wird mir jetzt klar.

Ich denke wieder an Tom, den Entwickler. Dann sehe ich Batman und Joker vor mir. Eine kreative Zusammenarbeit braucht nicht nur Augenhöhe, sondern auch eine tiefe und ehrliche gegenseitige Wertschätzung. Eine wohlwollende Wertschätzung, formuliere ich es noch präziser und blicke dabei auf die beiden Widersacher. Dann ziehe ich die Skizze näher zu mir.

Meine beiden Gehirnhälften – ich nenne sie ab jetzt Ernie und Bert – brauchen wieder mehr gegenseitiges Wohlwollen, stelle ich fest. Ich habe viel zu lange auf meinen Bert im Kopf herabgeschaut, gestehe ich mir ein und stelle mir mit geschlossenen Augen vor, wie mein Ernie im Kopf meinen Bert liebevoll in den Arm nimmt. Für einen kurzen Moment genieße ich dieses Gefühl und öffne dann wieder meine Augen. „Sprache und Logik" schreibe ich in Großbuchstaben unter den skizzierten Kopf von Bert. Bei den meisten Menschen sitzt das Sprachzentrum in der linken Gehirnhälfte.

In einem Buch über die Welt unseres Gehirns, das ich

kürzlich las, wurde diese Aussage von einer Professorin für Neurowissenschaften bestätigt. In diesem Buch stand aber auch eine Erkenntnis über unsere Gehirnhälften, die mich überraschte. Demnach ist die linke Gehirnhälfte besonders bei der logischen Problemlösung aktiv. Dabei strebt sie so zwanghaft nach Logik und Ordnung, dass sie einfach Dinge hinzudichtet, um eine plausible Erklärung abzugeben.

Die rechte Gehirnhälfte hingegen ist eher bei visuell-motorischen Aufgaben aktiv und dabei sehr viel wahrheitsgetreuer als die linke Hälfte. Ihre Wahrnehmung beschränkt sich rein auf die Fakten. Ich weiß noch genau, wie mein Bert im Kopf empört in den Widerstand gegangen ist, als ich das gelesen habe.

„Ich dichte hier überhaupt nix hinzu!“, höre ich ihn schimpfen und sehe ihn Ernie aus dem Bild drängeln. „Ich bin hier derjenige, der für die Fakten zuständig ist.“

Wie dominant, egoistisch und rücksichtslos die Logik doch sein kann, überlege ich und schüttele dabei verständnislos meinen Kopf. Jetzt sehe ich in Gedanken plötzlich Ernie und Bert im Auto sitzen. Bert am Steuer, Ernie als Beifahrer. Sie fahren durch eine wunderschöne Landschaft. Ich erinnere mich an einen Vortrag von Gerald Hüther, den sympathischsten Neurobiologen, den ich kenne. In diesem Vortrag berichtet er von einem Experiment, in dem Gehirne beim Autofahren gescannt wurden. Während der Fahrer sich auf das Schalten und die Straße konzentrierte, wurde bei ihm nur ein kleiner Bereich im linken Kortex als aktiv gekennzeichnet. Beim Beifahrer hingegen leuchteten beide Seiten des Kortex aktiv auf. Da er keine konkrete Aufgabe lösen musste, konnte er sich entspannt die schöne Landschaft ansehen und genießen.

Genau so stelle ich mir ab jetzt Ernie und Bert in meinem

Kopf vor. Bert klemmt konzentriert hinter dem Lenkrad und versucht, sich zu konzentrieren, während Ernie entspannt danebensitzt und ihn vollquatscht.

„Bilder und Wahrnehmung“ schreibe ich unter das breite Grinsen von Ernie. „ANNAHME“ ergänze ich in Großbuchstaben unter das lange Gesicht von Bert. Ich muss mich mehr um meinen Bert kümmern, nehme ich mir vor. Vielleicht kann Ernie ja mal fahren und Bert sich entspannen, überlege ich. Aber wie schaffe ich das?

KAPITEL 06

Aber wie war das möglich?

Nur noch sechs Monate bis zur Antrittsrede. Immerhin habe ich schon mal einen Aufhänger: Wahrnahme und Annahme. Ich frage mich, wie viele Fehlentscheidungen wohl täglich getroffen werden, weil das Gehirn ständig irgendetwas hinzudichtet, anstatt richtig hinzusehen. Bei all den Berts in den Chefetagen dürften es eine ganze Menge sein. Über den Vergleich mit Ernie und Bert freue ich mich nach wie vor. Damit bringe ich das Publikum bestimmt an der einen oder anderen Stelle zum Lachen.

„Eine gute Rede kann nur durch eine humorvollere übertroffen werden", habe ich mal irgendwo gelesen und sehe wie beide – Ernie und Bert – in meinem Kopf zustimmend nicken. Jetzt brauche ich nur noch konkrete Ideen für den Inhalt.

Während die Kaffeemaschine zischt und brummt, überlege ich, wie ich Ernie und Bert dazu bringe, auf Augenhöhe zusammenzuarbeiten. Mir fällt auf, wie gut frischgemahlener Kaffee doch duftet, und ich muss daran denken, wie sich meine Tochter früher immer die Kaffeepads schnappte, um daran zu schnüffeln. Ebba ist ein typisches Ernie-Kind. Mein Sohn Jack hat hingegen eher die Qualitäten eines Berts. Wie schaffe ich es, dass sich Bert als Fahrer entspannt und Ernie eine Runde ans Steuer lässt?, greife ich meinen Gedanken wieder auf, setze mich an den Tisch und nehme mir ein weißes Blatt Papier. Ich darf am Anfang noch nicht zu konkret werden, sonst stürzt sich Bert auf das Problem wie Möpsin Wilma auf ihr Futter und drängelt Ernie dabei komplett aus dem Bild. Ich muss ihn ablenken, überlege ich. Ich muss ihm eine einfache Aufgabe geben, damit er etwas zu tun hat und Ernie übernehmen kann. Wie beim Rasenmähen. Beim Rasenmähen ist Bert so damit beschäftigt, mich die von ihm in Raster eingeteilte Rasenfläche in geordneten Bahnen ablaufen zu lassen, dass Ernie freie Bahn im Kopf hat. Beim Rasenmähen habe ich immer gute Ideen – ebenso übrigens beim Staubsaugen, Abwaschen und Autofahren, letzteres allerdings nur nachts, wenn ich die Autobahn ganz für mich alleine habe. Ich brauche für das Rasenmähen immer ewig, weil ich alle fünf Minuten ins Haus renne, um eine Idee aufzuschreiben. Wenn ich den Rasen mähe, bin ich in einer Art Dämmerzustand – so wie morgens, wenn ich aufwache. Ich mähe den Rasen und denke dabei gedankenversunken in Bildern.

Ich muss Bert eine Aufgabe geben, die er liebt, überlege ich und schaue auf das schneeweiße Papier. Ich fange an, einen großen Rahmen zu zeichnen. Ich merke, dass es Bert gefällt, was ich da tue. Er übernimmt die Führung und zeichnet ein Raster, das aus fünf mal fünf Kästchen besteht. Jetzt ist Bert voll da. Er hat richtig Spaß und schreibt in jedes Kästchen einen Buchstaben, schön der Reihe nach. Das erste Kästchen bekommt ein A, das zweite ein B, das dritte ein C, das vierte ein E. E wie Ernie, schießt es mir durch den Kopf und unterbricht Bert beim Buchstabenschreiben. Ich rede ihm gut zu, Ernie doch bei dieser tollen Aufgabe mitmachen zu lassen. „Es macht doch viel mehr Spaß, wenn man etwas zusammen macht, was Freude bereitet“, argumentiere ich. Bert ist einverstanden und lädt Ernie ein, mitzumachen. Er erklärt ihm genau, was zu tun ist: In jedes Kästchen ein Buchstabe. Schön der Reihe nach. Am Ende sind drei Buchstaben übrig, aber nur noch zwei Kästchen offen. Bert ist irritiert, aber Ernie hat sofort eine Idee.

„Wie wäre es, wenn wir XY zusammen in ein Kästchen schreiben und das Z dann allein ins letzte“, schlägt er vor. „XY könnte dann für das Unbekannte stehen, für ein Geheimnis.“

Jetzt war auch mein Bert voll da: „Ja, das ist gut, das ergibt Sinn. Aber lass uns bei A anfangen.“

„A wie Anekdoten“, sprudelt es aus Ernie heraus.

„B wie Beweise“, schlägt Bert vor.

„Super, weiter so“, lobt Ernie.

‚Wow', denke ich, Ernie lobt Bert. Es funktioniert. Die beiden haben Spaß!

Ruckzuck ist das Raster gefüllt und der Baukasten für eine gute Rede fertig. Ich lese mir alles noch einmal laut vor: Anekdoten, Beweise, Call to Action, Demonstrationen, Erfolgsbeispiele, Freches und Fremdes, Glaubenssätze, Herzergreifendes, Inspirierendes, Jokes, Kernaussage, Lustiges, Mitmachen, Nachrichten (Aktuelles), O-Töne, Privates, Questions, Referenzen, Statistik und Forschung, Tipps, Tricks und Tools, Umfragen, Vergleiche, Wissenswertes, Geheimnisse (Bert hat darauf bestanden, ein „XY ungelöst“ dahinter zu schreiben) und Zitate. Die beiden sind zufrieden. Ich bin es auch und belohne mich mit einem zweiten Kaffee.

Tipps, Tricks und Tools – während ich den frisch gebrühten Kaffee rieche und dem Zischen und Brummen lausche, denke ich plötzlich an die drei Neffen von Donald Duck. Die waren pfiffig und hatten immer eine Lösung parat. Und wenn sie mal nicht weiterwussten, dann hatten sie doch so ein schlaues Buch, wo alles drinsteht. Ich versuche, mich zu erinnern. Eine Art Pfadfinder-Handbuch muss das gewesen sein. Im selben Moment fällt mir wieder ein, wie es hieß: *Das Nachschlagewerk der Fähnlein Fieselschweiflinge.*

Das Gehirn ist doch erstaunlich, wenn es in Fahrt kommt. Genau so ein Nachschlagewerk brauche ich auch: ein Pfadfinder-Handbuch zum Verlassen der eingetretenen Pfade! Das gefällt mir. Ernie gefällt es auch und als Bert den Daumen hebt, schreibe ich „Pfadfinder-Handbuch“ in das „Tipps, Tricks und Tools“- Kästchen. In das „Vergleiche“-Kästchen schreibe ich dann „Ernie und Bert“. „Rasenmähen“ kommt in das „Anekdoten“-Feld. „Gerald Hüther“ schreibe ich unter „Beweise“.

Das funktioniert ja super, freue ich mich und beobachte, wie sich die Kästchen fast von ganz alleine mit Inhalten füllen. Ob das immer so gut geht? Ich nehme mir ein neues Blatt. Alice hatte zwar erst Geburtstag, aber vielleicht finde ich ja noch eine schöne Überraschung für sie. Ich zeichne ein neues 5-mal-5-Raster auf das Papier und fülle die Kästchen. A, B, C, D ... Bei Z angekommen, schreibe ich sofort „Zeit für Zwei im Spa“ auf. Das hatte Alice mir zu meinem Fünfzigsten geschenkt. Ein wahnsinnig schönes Erlebnis, mitten in der Nacht für zwei Stunden im Wellness-Bereich des Hotels eingeschlossen zu werden – alle Saunen, Pools und Entspannungsräume hatten wir für uns alleine. Ich nehme mir vor, sofort im Hotel anzurufen, um zu fragen, wann der nächste Abend frei ist. Doch bevor ich das Handy finde, schaltet sich Bert ein: „Moment mal, Ernie, du rufst nirgends an. Bevor wir etwas Neues beginnen, müssen wir das bereits Angefangene erst noch fertig machen. Lass uns also bitte erst bei A beginnen und nicht schon gleich bei Z aufhören!“

„Ok, Bert, du hast recht. Fangen wir bei A an.“

Ernie grübelt kurz, und dann schnellt sein Zeigefinger in die Luft: „A wie Ausflug zu den Rentieren!“, ruft er begeistert.

„B wie Blumen“ kontert Bert und ergänzt sofort: „C wie Candle Light Dinner“.

„D wie Drei Fragezeichen“, freut sich Ernie und schiebt nach: „Die wollte ich schon immer mal live erleben!“

Das Spiel macht den beiden sichtlich Spaß, sie spielen sich die Ideen zu wie Tennisspieler den Ball. So stelle ich mir Co-Kreation auf Augenhöhe vor.

Die drei Fragezeichen würde ich wirklich gerne mal live erleben. Alice bestimmt auch. Schließlich freuen wir uns über jede neue Folge und hören sie uns sofort an. ‚Die – drei – Fragezeichen', singe ich im Kopf die Titelmelodie laut mit und höre Justus Jonas schlaue Dinge sagen. Justus Jonas ist auch so ein typischer Bert. Allerdings hat er auch viel von Ernie. Er ist furchtlos, sieht Dinge, die andere noch nicht sehen können und ist immer bereit, zu handeln. Ich habe Justus Jonas und *Die drei Fragezeichen* schon als Kind geliebt und bin noch als Jugendlicher immer mit ihnen eingeschlafen. Die Stimme von Synchronsprecher Oliver Rohrbeck begleitet mich schon ein Leben lang. Jetzt erinnere ich mich an eine Autofahrt, bei der wir *Die drei Fragezeichen* gehört haben. Es war eine Autofahrt, die ich nie vergessen werde. Denn sie hat meine ganze Bert-Welt in Frage gestellt.

Genauer gesagt war es meine Tochter. Meine Ernie-Tochter. Ebba war fünf Jahre alt und saß schräg hinter mir im Kindersitz. Gefesselt hörten wir den drei Detektiven zu. Ich dachte über die Stimme von Justus Jonas nach. Das ist doch die gleiche Stimme wie die von Lillebror, dem Freund von Karlsson, stellte ich plötzlich fest. Ich habe *Karlsson vom Dach* geliebt – der kleine, dicke Mann mit dem Propeller auf dem Rücken, der immer behauptet hat, „Weltbester in allem“ zu sein. Ich dachte intensiv an die schwedische Serie aus der Feder von Astrid Lindgren, die ich als Kind so gern geguckt hatte und war ganz in meinen Gedanken und Gefühlen versunken, als mich meine Tochter plötzlich fragte: „Papa?"

„Ja", antwortete ich.

„Was ist das für ein komischer Name?"

„Welchen Namen meinst du?", fragte ich verwundert zurück.

„Lil. Lil. Lille. Lillebror?", antwortete sie.

Ich erschrak und machte in Gedanken eine Vollbremsung. Hatte ich gerade laut gesprochen, ohne es zu merken? Nein, das konnte nicht sein. Wie um alles in der Welt kam sie dann auf Lillebror? Die Serie aus den 70ern konnte sie nicht kennen. Die lief schon ewig nicht mehr im Fernsehen. Ich suchte verzweifelt nach einer Antwort. Sie muss meine Gedanken empfangen haben – das war für mich die einzige logische Erklärung. Aber wie war das möglich?

KAPITEL 07

Ab jetzt bin ich Dumbledore!

Wie war das möglich? Konnte Ebba wirklich meine Gedanken lesen? Ich hatte damals nach der Autofahrt schon nach Antworten gesucht, aber im Internet nichts gefunden, das meinem Bert im Kopf plausibel erschien. Inzwischen aber scheint sich in der Wissenschaft einiges getan zu haben. Ich schaue mir einen spannenden TED-Talk von Juan Enriquez an, der provokant fragt: „Werden unsere Kinder eine andere Spezies sein?"

16 Minuten lang belegt der Wissenschaftler auf sehr unterhaltsame Weise, warum er das denkt. Er argumentiert, dass sich die Menschheit im Laufe der Geschichte ständig weiterentwickelt hat und es auch immer noch tut. Diese Entwicklung ist abhängig von äußeren Einflüssen. In der heutigen Zeit ist der Evolutionsdruck im Gehirn am stärksten, und dieses Organ, so sagt Juan Enriquez, ist in der Lage, sich sehr schnell zu verändern. „Neuroplastizität" ist das Zauberwort. Davon hatte ich schon gehört.

Ich sehe meine Kinder vor mir, wie sie täglich den verschiedensten digitalen Einflüssen ausgesetzt sind. Ich frage mich, ob ihre Gehirne schon anders funktionieren als meins. Ich sehe, wie mein Sohn am Rechner spielt, YouTube guckt, mit Fremden aus aller Welt chattet, mit Freunden aus ganz Deutschland telefoniert und Musik hört – alles gleichzeitig. Ich glaube sogar, dass er dabei noch seine Hausaufgaben erledigt. Sein Gehirn scheint das alles gut geordnet zu bekommen. Bei meiner Tochter ist es anders. Manche sagen, sie hätte ADHS. Ich werde dann schnell wütend.

Aufmerksamkeitsdefizitstörung! Was für ein Kack-Wort! „Meine Tochter hat keine defizitäre, sondern eine erhöhte Aufmerksamkeit", verteidige ich sie dann vehement. „Sie nimmt Dinge wahr, die andere nicht wahrnehmen können. Ob es sich dabei um eine Störung oder eine Gabe handelt, liegt ganz im Auge des Betrachters."

In meinen Augen betrachte ich das natürlich als eine Gabe und sehe es als meine Aufgabe, dafür zu sorgen, dass meine Tochter es ebenfalls als eine Gabe sieht – und nicht als eine Störung abspeichert. Denn ich weiß genau, wie das ist. Wie oft wurde mir gesagt: „Du bist ein Träumer!"

Dieser mitleidige, oft abwertende Beiklang hat sich tief in mein Unterbewusstsein gebohrt und sich irgendwo in der Frequenz zwischen Scham und Schuld eingeschwungen. Heute funktionieren Begriffe wie „Aufmerksamkeitsdefizitstörung" bei mir wie Knöpfe, die meinen ganzen Scham- und Schuldkreislauf anknipsen. Ich erinnere mich noch gut daran, wie eine ältere Dame mir in einem Seminar über Co-Kreation gleich morgens in der ersten Übung empfohlen hat, mich mal mit Träumer-ADS bei Erwachsenen zu beschäftigen. Vor dieser Übung war ich ein 49 Jahre alter und gereifter Mann. Nach diesem gut gemeinten Ratschlag war ich wieder ein kleiner Junge, der den Rest des Tages nicht mehr mitspielen wollte, weil er beleidigt war.

„Papa, Telefon", höre ich meine Tochter. „Paapaa, Teeleefoon!"

Sie muss ungefähr fünf Jahre alt gewesen sein, als ich die Sprachaufnahme aufgenommen habe, die seitdem den 08/15-Klingelton meines Handys ersetzt. Ich gucke auf das Display und freue mich. Es ist Detlef.

„Wie schön, dass du anrufst," begrüße ich ihn. „Wie geht es dir?" Ich habe Detlef vor vielen Jahren auf einem Seminar kennengelernt, und unsere beiden inneren Kinder haben sich auf Anhieb prächtig verstanden. Detlef erzählte mir damals in dieser Übung, dass er schon immer davon träumte, ein eigenes Musikalbum aufzunehmen. Ein paar Songs hatte er auch bereits geschrieben, das war aber schon lange her. Überhaupt wäre es schon lange her gewesen, dass er Musik gemacht hätte. „Bis zum Ende des Jahres habe ich ein Album fertig“, nahm er sich an diesem Februarmorgen vor. Ich bestärkte ihn darin, indem ich ihm anbot, das Plattencover zu gestalten, wenn er das schafft. Das war nicht ganz uneigennützig: Ich wollte schon immer mal ein Plattencover gestalten. Das war einer meiner Träume. Es war dann faszinierend mitzuerleben, wie aus einer spontanen Idee an einem Februarmorgen innerhalb von neun Monaten ein fertig produziertes Studioalbum mit elf selbstgeschriebenen Stücken und einem coolen Cover wurde. Nun hat Detlef eine neue verrückte Idee.

„Ich will Bürgermeister werden! In neun Monaten sind Wahlen“, sagt er. „Hast du Lust, mir dabei zu helfen?“ Detlef ist auch ein Träumer, aber einer, der genau weiß, wie man seine Träume verwirklicht. Ich kann noch viel von ihm lernen, denke ich, und antworte ohne zu zögern: „Ja, klar.“

Detlefs Erfolgsrezept heißt „um Hilfe bitten“. Er bittet aber nicht irgendjemanden um Hilfe, sondern immer nur die Besten ihres Faches. Mir selbst fällt es verdammt schwer, meine eigenen Erfolge anzuerkennen. Ich würde mich nie als Bester eines Faches bezeichnen. Ich habe mich auch nie als solcher empfunden. In der Schule waren immer nur die anderen Bester und Beste in einem Fach. Und wenn ich mal richtig gut war, wie zum Beispiel in Kunst oder Sport, dann hatte es keine relevante Bedeutung für die Lehrer. Oder für meine Mutter. Für Detlef aber bin ich der beste meines Faches. Zumindest für die Verwirklichung seines Bürgermeister-Traums. Immerhin hatte ich es schon einmal geschafft, einen Underdog zum wichtigsten Mann der Stadt zu positionieren. Als ich Detlef kennenlernte, steckte ich nämlich selber mitten im Wahlkampf. Ich hatte damals einen parteilosen Einzelkandidaten in meiner Heimatstadt beraten und es mit einem tollen Team um ihn herum geschafft, die Wahl zu gewinnen.

Ich muss aufhören, mich selber klein zu machen, und damit anfangen, selbstbewusst meine Erfolge zu feiern, denke ich nach unserem langen Telefonat und wiederhole den Gedanken gleich noch mal – in der Hoffnung, dass mein Unterbewusstsein es endlich mal kapiert. Leider funktioniert das nicht so einfach. Denn das Unterbewusstsein speichert Bilder, keine Worte – das predige ich als Designer meinen Kunden seit Jahren. Bei dem Wunsch „damit aufzuhören, mich klein zu fühlen", sehe ich mich in Gedanken als kleinen, hilflosen Jungen. Und wenn die Worte „damit aufzuhören" im Laufe des Tages langsam verblassen, bleibt nur das Bild des kleinen Jungen übrig. Jedes Mal, wenn ich die Worte „Ich will damit aufhören" bewusst sage, verstärke ich nur unbewusst das Bild des traurigen Jungen. Eine erschreckende Erkenntnis, und noch viel erschreckender ist gerade die Vorstellung, dass ich dieses unterbewusste Bild des traurigen, hilflosen Kindes irgendwie durch die Synchronität der Gehirne an meine Tochter weitergeben könnte. Wie lange rede ich mir das eigentlich schon ein?, überlege ich und erschrecke ein drittes Mal: schon ewig!

Ich bin wieder klein und sehe die Flasche Multi Sanostol auf dem Küchentisch stehen. Meine Mutter steht vor mir und sagt: „Guck mal, ich habe dir etwas mitgebracht." Eine unendliche Traurigkeit steigt in mir auf. Oder ist es Wut? Ich bin verwirrt. Was passiert gerade mit mir? Dann höre ich die väterliche Märchenstimme aus dem Off: „Ist auch ihr Kind häufig lustlos, erkältet und ohne Appetit?“

Ich sehe, wie der kleine, traurige Junge mit gesenktem Kopf durch den Regen und die Pfützen läuft. Er scheint gerade aus der Schule zu kommen. Dann höre ich das laute Kinderlachen und sehe, wie die Horde Jungs den traurigen Jungen rennend überholt, ohne ihn dabei auch nur eines Blickes zu würdigen. „Saaaanoostooool“, klingt es in meinen Ohren. ‚Ach Du Scheiße!‘, denke ich. Dachte meine Mutter wirklich, ich wäre das traurige Kind in der Werbung gewesen? Ich war doch immer eines der fröhlichen Kinder, die an dem Jungen vorbeiflitzten! Schuld, Scham, Traurigkeit und Wut steigen in mir auf. Meine Gedanken springen wild durcheinander und versuchen verzweifelt, Ordnung ins Gefühlschaos zu bringen.

Ich verstehe langsam, was all die Jahre schief gelaufen ist. Das Bild des traurigen Jungen hatte sich in mein Unterbewusstsein gebrannt. Dabei war es gar nicht mein Bild. Es war die Projektion meiner Mutter. Es war ihre Traurigkeit, die ich als Kind gespürt und aufgesogen habe. Im Inneren war ich ein fröhliches Kind. Außen jedoch habe ich mich jeden Tag in den Sorgen meiner Mutter gespiegelt.

Langsam beginne ich zu verstehen, warum mich Traurigkeit im Außen so anzieht und ich Fröhlichkeit im Inneren so oft hinter hohen Mauern zurückhalte. Ich muss an meine Kinder denken und nehme mir fest vor, sie nicht als traurige und hilflose Wesen zu sehen. Ich nehme mir fest vor, ihnen jeden Tag fröhlich, selbstbewusst und erwachsen gegenüberzutreten. Ich versuche mir vorzustellen, wie das aussehen könnte und wie ich mich dabei fühlen würde.

Ich suche nach einem väterlichen Vorbild. Dann sehe ich

Albus Dumbledore vor mir. Das Bild gefällt mir. Meine Kids sind Harry und Hermine. Das gefällt mir weitaus besser als das Bild des traurigen Jungen aus der 70er-Jahre-Werbung.

„Ab jetzt bin ich Dumbledore!", sage ich kraftvoll und entschlossen zu mir.

Dann ziehe ich mit meinem Zauberstab die Sanostol-Erinnerung aus meinem Kopf und übertrage sie ins Denkarium. Wer weiß, ob ich sie vielleicht noch einmal gebrauchen kann.

KAPITEL 08

Das ist für mich der Zustand wahrer Co-Kreation.

„Was machst du da mit dem Bleistift an deinem Kopf?", fragt Alice, als sie ins Arbeitszimmer kommt und verwundert vor mir stehen bleibt.

„Das ist kein gewöhnlicher Bleistift", antworte ich. „Das ist ein Zauberstab, und ich hole gerade einen Gedankenfaden aus meinem Kopf. Ich bin nämlich ab jetzt Albus Dumbledore, musst du wissen."

„Aha, dann aber bitte der junge Albus Dumbledore aus *Phantastischen Tierwesen*", sagt Alice lächelnd und fragt weiter: „Kommt der große Zauberer mit in den Wald?"

„Oh, das schaffe ich leider nicht, ich muss unbedingt mit meiner Rede anfangen," antworte ich betrübt.

„Aber genau deswegen will ich ja mit dir in den Wald", sagt Alice und reicht mir meine Jacke. „Oder hast du schon genug Ideen?"

„Nein, noch nichts Konkretes. Bis jetzt habe ich nur ein grobes Thema."

„Dann weg vom Schreibtisch und ab in die Natur!"

Alice hat ein unglaublich gutes Gespür für blockierte Energien und für das, was es braucht, um sie wieder fließen zu lassen. Dabei müsste ich doch selber am besten wissen, wie man eine Denkblockade auflöst, oder besser noch: erst gar keine bekommt. Schließlich ist das ein wesentlicher Bestandteil meiner Ideenseminare.

Im Wald angekommen, laufen wir still ein paar Minuten Hand in Hand einen abgelegenen Weg entlang. Die frische

Luft ist herrlich und die Bewegung tut verdammt gut.

Gedankenversunken erinnere ich mich an einen Vortrag, den ich vor ein paar Jahren für die Firma Citrix gehalten habe. Über 500 Teilnehmer hörten mir damals online zu. Ich stellte die Frage: „Wo fließen die Ideen am besten?“ Als Antwortmöglichkeiten gab ich „Unter der Dusche“, „Beim Autofahren“, „Am Arbeitsplatz“, „In der Natur“ und „Im Bett“ vor. Über die Hälfte entschieden sich für die freie Natur. „Am Arbeitsplatz“ belegte mit deutlichem Abstand den letzten Platz. Wieso saß ich dann gerade mit einer fetten Denkblockade am Schreibtisch, anstatt in der freien Natur spazieren zu gehen? Ich erinnere mich daran, dass ich mal gelesen habe, dass der Apple-Gründer Steve Jobs wichtige Gespräche gerne mit einem Spaziergang in der Natur verband.

„Was fällt dir denn gerade schwer?“, fragt Alice in die Stille hinein.

„Ich weiß nicht, wie ich anfangen soll. Ich bin nicht gut darin, Reden zu schreiben“, antworte ich.

„Worin bist du denn gut?“, höre ich sie fragen, und weiß genau, dass jetzt jeder Widerstand zwecklos ist.

„Ich habe keine Ahnung, worin ich gut bin“, ergebe ich mich sofort.

„Ok,“ sagt Alice, „gehen wir mal wieder zurück in deine Kindheit. Was hat dich als Kind begeistert? Was hat dir da Spaß gemacht? Worin warst du als Kind besonders gut?“

Ich denke plötzlich an Detlef und dann an Handball. „Handball spielen hat mir Spaß gemacht“, erzähle ich mit leuchtenden Augen. „Unser Team war richtig gut.“

Detlef hatte in seiner Jugend auch Handball gespielt. Wir haben uns oft darüber unterhalten, wie magisch die Spiele waren, wenn einfach alles geklappt hat, wenn jeder blind gespielte Pass gefangen wurde und jeder Wurf im Tor landete. Bei diesen Spielen lag eine unbesiegbare Leichtigkeit in der Luft und brachte die Gegner völlig außer Atem. In diesen Momenten war es so, als ob alles synchron lief, keiner mehr nachdenken musste, jeder intuitiv das Richtige tat. Wir spürten pures Vertrauen in den Erfolg. Das ist für mich der Zustand von wahrer Co-Kreation.

„Was habt ihr damals dafür getan, dass ihr so gut wart?", fragt Alice mich.

„Wir haben viel trainiert, waren ein eingespieltes Team und kannten uns alle sehr gut. Wir haben damals nicht nur zusammen Handball gespielt, sondern waren auch beste Freunde. Wir waren sogar alle auf der gleichen Schule, zum Teil sogar in der gleichen Klasse."

„Und was habt ihr ganz konkret gemacht, bevor das Spiel begann?"

„Wir haben uns eine Stunde vor Spielbeginn vor der Halle getroffen, erst einmal ausreichend Unsinn gelabert und dabei viel gelacht. Dann haben wir uns umgezogen, uns warm gemacht, ein paar Bälle zugespielt, Spielzüge geübt und in der Kabine mit unserem Trainer die Strategie besprochen. Kurz vor dem Anpfiff haben wir uns noch alle in einem Kreis aufgestellt und unseren Schlachtruf gebrüllt."

„Das hört sich super an", sagt Alice. „Dann weißt du ja jetzt, was du gleich tun wirst, wenn wir wieder zuhause sind."

Ich gucke sie fragend an und stelle mir dabei vor, wie ich mich in mein altes Trikot von damals presse. Ich hatte übrigens immer die Fünf. Ohne die Fünf auf dem Rücken konnte ich kein Handball spielen. Alices Lebenszahl ist die Fünf, fällt mir plötzlich auf, und ich denke: Das erklärt einiges! Ich glaube mittlerweile nicht mehr an Zufälle. Ich glaube immer mehr daran, dass jede Harmonie im Leben einer mathematischen Gleichung folgt. Wie oft habe ich schon etwas gestaltet und erst im Nachhinein festgestellt, dass ich mich bei den Proportionen, Abständen und Verhältnissen genau an den goldenen Schnitt gehalten hatte.

Der Spaziergang hat meine Lebensgeister geweckt. Zuhause überlege ich, wie ich den vertrauten und eingespielten Ablauf aus meiner Handballzeit auf das Schreiben einer Rede übertragen kann. Das Prinzip finde ich schon mal brillant. Etwas Vertrautes nehmen und auf etwas Fremdes übertragen. Mein altes Trikot habe ich schnell gefunden. Es war in meinem Erinnerungskarton, in dem ich einige Schätze meiner Kindheit hüte, die ich in meinem alten Kinderzimmer bei meinen Eltern gefunden hatte. Jetzt liegt es auf meinem Schreibtisch, knallrot, mit einer großen 5 auf dem Rücken. Darüber steht in Großbuchstaben „JACOBS". Das Trikot gibt mir noch immer erstaunlich viel Kraft. Es stecken so viele tolle Erinnerungen darin. Immerhin hätte ich damit fast „Jugend trainiert für Olympia" gewonnen.

Dann beginne ich mit dem Warm-Up: Ich tippe den Begriff „Antrittsrede" in das Suchfeld von Google. Als Erstes fällt mir der Link zu den zehn besten Formulierungen für Antrittsreden auf. Hoffnungsvoll klicke ich darauf und lese auf Platz 1: „Wenn wir plötzlich vor unserer Traumfrau stehen – oder vor unserem Traummann – dann bekommen wir keinen Ton mehr raus, die Hände werden feucht und das Herz klopft auf Hochtouren. Genau dieses Gefühl habe ich jetzt auch, während ich hier vor Ihnen stehe." Ich höre plötzlich wieder das brummende Zischen der grinsenden Meute lauter werden und klicke schnell einen anderen Link an. „Wir müssen uns in eine Bildungsgesellschaft entwickeln, in der die Vision der Freiheit für alle dadurch verwirklicht wird, dass jeder seine konkrete und persönliche Chance erhält", war der Appell von Gustav Heinemann aus seiner Antrittsrede aus dem Jahr 1969. Ich denke an meine eigene Schulzeit, meine Zeit als Elternsprecher und an das Homeschooling während der Pandemie. Der Appell von damals hat irgendwie nicht gefruchtet, stelle ich fest und suche weiter. „Fragt nicht, was euer Land für euch tun kann, sondern fragt, was ihr für euer Land tun könnt", ist das wohl berühmteste Zitat aus einer Antrittsrede. Gesprochen hat es Kennedy am 20. Januar 1961, geschrieben hat es Theodore Sorensen, sein Redenschreiber. Ein toller Satz! Aber was, wenn das Land antwortet: „Oh, das ist echt lieb von dir, aber wir können gerade keine Träumer gebrauchen." Vielleicht sollte ich mal nach „Redenschreiber" googeln, kommt mir in den Sinn, und ich klicke auf „Die besten Reden von Frauen".

„Ich erzähle meine Geschichte, nicht weil sie einzigartig ist, sondern eben weil sie es nicht ist. Es ist die Geschichte vieler Mädchen", waren die ersten Worte von Malala Yousafzai in ihrer Dankesrede für den Friedensnobelpreis. Das war 2014. Malala war gerade mal 17 Jahre alt. Mit 15 Jahren wurde sie niedergeschossen, weil sie als Mädchen in die Schule wollte. Was für eine grausame Geschichte! Ich halte inne und lasse meine Gedanken um Schule, rebellierende Mädchen und die Ungerechtigkeit in dieser kalten Welt kreisen. Welche Geschichte kann ich schon erzählen?, frage ich mich. Bin ich auch Teil einer Geschichte von vielen? Die kalte Welt meiner eigenen Schulzeit kommt mir in den Sinn. Ich kenne viele kreative Menschen, die sich in der Schule fehl am Platz fühlten und davon träumten, eine konkrete und persönliche Chance zu erhalten, um ihre Vision von Freiheit zu verwirklichen.

Ich klappe mein Laptop zu.

Das war ein gutes „Warm-Up“. Jetzt wird es Zeit, ein paar Bälle hin und her zu spielen.

Ich nehme mein Telefon und gehe auf meine Favoritenliste. Zielsicher tippe ich auf „Olaf“. Olaf ist mein bester Freund. Wir haben uns schon immer wunderbar die Bälle zugespielt. Er ist genau das Gegenteil von einem Träumer. Olaf ist Realist. Knallharter Realist. Er kann jede Idee innerhalb weniger Sekunden so auseinandernehmen, dass die Teile anschließend nicht mehr zusammenpassen. Die Gespräche mit ihm holen mich jedes Mal wieder auf den Boden der Tatsachen zurück. Auch hat Olaf mich im Laufe der Jahre kugelsicher für Kritik gemacht. Ich höre das Freizeichen. Zum Glück habe ich keine Idee, sondern brauche eine, wiege ich mich in Sicherheit.

„Moin“, meldet sich Olaf mürrisch, und ich freue mich, dass in den vielen Jahren, die er jetzt schon in München lebt, aus seiner einsilbigen Begrüßung kein überdrehtes „Servus“ geworden ist. „Was willst du?“

KAPITEL 09

Findest du das nicht zu spirituell?

„Eine Idee will ich von dir", antworte ich Olaf am Telefon. „Ich will eine Idee für meine Antrittsrede."

„Aha, und das um 12 Uhr mittags?", fragt er mich.

Ich freue mich über den leicht genervten Unterton. Er ist gut drauf, stelle ich fest, und bereite mich darauf vor, dass er meine Frage gleich nach allen Regeln seiner Kunst zerlegen wird. Er hat die Gabe, Details und Hindernisse zu sehen, die mir erst auffallen würden, wenn es zu spät ist. Schon oft waren genau diese Hindernisse großartige Sprungbretter für mich. Ich darf mich nur nicht runterziehen lassen, ich muss das Sprungbrett erkennen, nehme ich mir vor und konkretisiere meine Frage: „Worüber soll ich bei meiner Antrittsrede am 12. Oktober reden?"

Ich bin voll konzentriert und spüre, wie mein Herz anfängt, kräftiger zu schlagen. Voller Neugier erwarte ich einen linken Haken. Oder wird es doch eine rechte Gerade? Ich höre, wie Olaf tief ein- und wieder ausatmet. Sehr gut! Er holt aus! Los, komm schon! Gibs mir! Von mir aus auch einen Aufwärtshaken. Hauptsache, es wird ein kräftiger Denkanstoß. Ich bin zu allem bereit.

„Wie wäre es mit...", höre ich ihn sagen und dann noch einmal tief ein- und ausatmen, „wie wäre es mit...", beginnt Olaf seinen Satz erneut, um dann zuzuschlagen. „Die Realisierung der Lebensziele durch Einwirkung von Träumen und deren Randerscheinungen", sagt er triumphierend.

Ich lasse meine Deckung fallen und spüre, wie mich der Schlag unerwartet hart in die Magengegend trifft.

Damit hatte ich nun gar nicht gerechnet.

„Äh" Ich ringe nach Worten, schließlich platzt es aus mir heraus: „Findest du das nicht zu spirituell?"

„Was erwartest du? Es ist zwölf Uhr mittags und ich sitze mit einem Kaffee in der Sonne."

Ich bin sprachlos.

„Randerscheinungen", wiederholt Olaf zufrieden, „Randerscheinungen gefällt mir besonders gut."

„Ja, das ist wirklich gut", stimme ich ihm zu und erahne das Sprungbrett.

„Eine Randerscheinung ist eine Erscheinung, die in einem bestimmten Zusammenhang von geringer Bedeutung ist", lese ich nach unserem Telefonat im Duden nach. Wenn man es schafft, in diesen Erscheinungen den richtigen Zusammenhang zu erkennen, führen sie einen oft zu brillanten Ideen von großer Bedeutung. Genau wie in dem Buch *Der Alchimist* von Paulo Coelho – das einzige Buch, das ich zweimal gelesen habe. „Erst die Möglichkeit, einen Traum zu verwirklichen, macht unser Leben lebenswert", ist mein Lieblingssatz in diesem Buch, und die Kernbotschaft lautet für mich: „Wenn man etwas ganz fest will, dann hilft das ganze Universum dabei, es auch zu erfüllen." Jetzt, nach dem Telefonat mit Olaf, wird mir klar, wie die Hilfe des Universums aussieht: Sie kommt als Randerscheinung. Und nur mit einer klaren Absicht erkennt man die richtige Bedeutung.

Wow, denke ich, eine wundervolle Sicht auf den Unterschied von Wahrnahme und Annahme. Nur die Wahrnahme kann die Randerscheinung erkennen, und nur die Annahme ihr eine Bedeutung geben. Das bedeutet: Erst wahrnehmen, dann annehmen. Das ist wie im Straßenverkehr. Rechts vor links, denke ich. Oder: Ernie vor Bert.

Ich korrigiere die Überschrift auf meiner Skizze mit Ernie und Bert: Ich streiche das „und“ durch und schreibe ein „vor“. Dann gehe ich in Gedanken mein Leben durch und bin erstaunt, wie viele Randerscheinungen mir schon dabei geholfen haben, genau das zu bekommen, was ich in meinem tiefsten Inneren wirklich wollte.

Seit vielen Jahren fasziniert mich schon das verschlüsselte Wissen der Alchemisten. Die Symbole von Feuer, Wasser, Luft und Erde begleiten mich schon sehr lange in meinen kreativen Prozessen. Die vier Elemente stehen dabei für die vier Zustände, in denen wir die Welt wahrnehmen und gestalten können. Das Feuer steht für die Willenskraft. Unsere Sprache ist voll von dieser alchemistischen Symbolik. Darum sind wir „Feuer und Flamme“, wenn wir begeistert sind. Darum brauchen wir „eine zündende Idee“, wenn wir mal nicht weiterwissen. Und wenn jemand zu wenig Willenskraft hat, dann muss man ihm „Feuer unter dem Hintern machen“.

Im schlimmsten Fall verlieren wir unseren Willen ganz, dann diagnostiziert die Medizin einen „Burnout“. Das Element Wasser symbolisiert die Welt der Gefühle. In diesem Zustand sind wir „nah am Wasser gebaut“, können „eiskalt sein“ oder „dahinschmelzen“. Die Luft spiegelt unsere Gedanken wider. Wir können „Luftschlösser bauen“, Versprechen „in Schall und Rauch“ auflösen und unserem „Ärger Luft machen“. Die Erde steht für das Werk durch die Hand, das bekanntlich goldenen Boden unter den Füßen hat. Der Alchemist hat gelernt, dass eine feste Absicht aus tiefstem Herzen heraus den Nebel der Gedanken lichtet und ihn direkt mit der positiven Kraft des Universums verbindet. In diesem Zustand kann er sich alles erfüllen, wovon er träumt. Ein Alchemist ist jederzeit in der Lage, die Schwere des Lebens in Glück zu wandeln. Oder mittelalterlich verschlüsselt ausgedrückt: Blei in Gold verwandeln.

Ich liebe diese philosophische Sicht auf die Alchemie und entdecke sie überall.

Im Tarot. In der Kabbalah. In der Hermetik. Sogar in der Herstellung von Parfüm. Dort gibt es die Kopfnote, die gleich nach dem Auftragen des Parfüms auf der Haut wahrnehmbar ist. Sie wirkt nur wenige Minuten und ist für den ersten Eindruck entscheidend. Die Kopfnote beeinflusst die Kaufentscheidung sehr bewusst, weil es meist ein sehr intensiver Duftstoff ist. Die Herznote ist erst zu riechen, wenn die leicht-flüchtige Kopfnote verflogen ist. Sie hält mehrere Stunden an und macht den eigentlichen Duftcharakter aus. Dann gibt es noch die Basisnote, die mit langhaftenden und schweren Duftbestandteilen komponiert wird. Sie bildet die Grundlage, damit sich Herz und Kopf richtig entfalten können. In unserem Leben setzt sich die Basisnote aus unseren Werten und Tugenden zusammen. Wir brauchen sie, damit sich auch unsere Kopf- und Herznote richtig entfalten können.

Alice kommt herein. „Riech mal", sagt sie. „Ich habe einen neuen Duft kreiert."

Unsere Gehirne müssen synchronisiert sein. So viele Randerscheinungen wie mit Alice hatte ich noch nie. Ich schließe die Augen, um meine Sinne ganz auf den Duft zu fokussieren.

„Es duftet nach Wald", sage ich. „Lass mich noch mal schnuppern."

Alice sprüht mir den Duft erneut in mein Gesichtsfeld.

„Es riecht fantastisch", sage ich. „Was ist da drin?"

„Kastanie", antwortet Alice. „Ich habe endlich ein gutes Kastanienöl gefunden."

„Weißt du schon, wie du den Duft nennen wirst?“, frage ich sie.

„Ehrlichkeit“, sagt Alice.

„Das passt.“

Ich liebe ihre Duftkompositionen. Seit wir uns kennen, entdecke ich meinen Geruchsinn und dessen Möglichkeiten immer wieder neu. Als mir Alice bei unserem ersten Treffen erzählte, dass sie Essenzen und Elixiere für die Manifestation entwickelt, fand ich das zwar wahnsinnig spannend, hielt es aber zunächst für eine spirituelle Spielerei. Doch mit der Zeit verstand ich, wie gut unser Geruchsinn mit unserem Unterbewusstsein zusammenarbeitet und so in unserem tiefsten Inneren wirkt. Spätestens an dem Abend, an dem wir uns über Schuld unterhalten hatten, hat es bei mir schmerzhaft klick gemacht. Ich erzählte Alice damals, dass ich immer wieder Schuldgefühle habe, und diese seit ein paar Jahren stetig schlimmer werden. Ich muss oft an meine Kindheit denken und mich fragen, ob ich Schuld daran war, dass meine Mutter sich immer so viele Sorgen im Leben gemacht hat. Ich weiß noch genau, wie Alice an diesem Abend mit meinem Parfum in der Hand aus dem Badezimmer kam und mir den Flakon direkt vor die Nase hielt.

„Lies mal“, sagte sie, und ich erstarrte. Der Duft, den ich mir seit ein paar Jahren täglich auf den Körper sprühe, hieß *Guilty*. Worte sind mächtig. Sie sind mächtig, weil sie innere Bilder und Emotionen beschwören – oft ohne, dass wir es merken. Genauso ist es mit Worten, die wir nur als Randerscheinungen wahrnehmen. Wirken tun sie aber dennoch, und zwar direkt auf das Unterbewusstsein. Wie viele Tage hatte mein Unterbewusstsein schon das Wort „schuldig“ auf dem Flakon gelesen und mit dem Duft verknüpft, den ich stundenlang auf meinem Körper getragen habe.

Mit jedem Sprühstoß habe ich wieder und wieder die emotionalsten Bilder von Schuld in mir genährt. Welche Marketingabteilung denkt sich nur so etwas aus?, dachte ich. Ob es die gleiche Agentur war, die den Werbespot für Sanostol gemacht hat?

„Ehrlichkeit gefällt mir richtig gut", sage ich zu Alice und sprühe mir noch etwas von dem neuen Duft in meine Aura. „Unser Bewusstsein kann gut eine unterbewusste Portion Ehrlichkeit gebrauchen. Darf ich es behalten?"

„Ja klar, behalte es ruhig", sagt Alice beim Rausgehen. Im Türrahmen dreht sie sich nochmal zu mir um: „Ich ziehe jetzt mein neues Kleid an, das ich für unseren nächsten Auftritt bestellt habe, und dann kannst du mir sagen, wie du es findest."

Ich gucke auf das Spray in meiner Hand und lese das handschriftlich geschriebene Wort „Ehrlichkeit".

„Äh, ok", stottere ich leise, als Alice die Tür hinter sich zugezogen hat. Innerlich bereite ich mich darauf vor, gleich ein ehrliches Urteil zu sprechen. Doch kurz darauf öffnet sich die Tür wieder und Alice lacht mich an: „War nur ein Spaß. Das Kleid kommt erst morgen."

Ich bin erleichtert. Alice schließt die Tür wieder. Dann klingelt mein Telefon.

„Ich bin es, Detlef. Hast du morgen schon etwas vor?"

„Ja, ich werde mich morgen in Ehrlichkeit üben. Warum?"

KAPITEL 10

Ich kaufe doch nicht die Katze im Sack!

Detlef erzählt mir, dass er ein paar neue Songs geschrieben hat und ein Wohnzimmerkonzert geben wird. Er ruft an, um Alice und mich dazu einzuladen. Ich spreche mich kurz mit Alice ab und sage dann begeistert zu. Ich liebe dieses spontane Leben mit ihr.

Bevor wir am nächsten Tag losfahren können, müssen wir allerdings noch auf den Paketdienst warten. Nachdem dieser geklingelt und seine Lieferung übergeben hat, ruft Alice fröhlich: „Wir können los, das Kleid ist da. Hast du das Ehrlichkeits-Spray eingepackt?“

„Selbstverständlich!“, flöte ich.

Auf der Fahrt hören wir die drei Fragezeichen. Fall Nummer 87: *Wolfsgesicht*. Die Folge haben wir schon lange nicht mehr gehört. „Der Täter spielt mit einem Phänomen, um das sich die Psychologie kümmert. Kopfmodelle nennt man das. Es geht um die Tatsache, dass man Informationen automatisch in bestimmte Rahmen und Zusammenhänge einordnet, die man kennt oder erwartet. Auch wenn es nicht bewiesen ist oder die Wirklichkeit ganz anders aussieht“, erklärt Justus Jonas in typischer Bert-Manier seinen beiden Detektiv-Kollegen. Auch eine schöne Beschreibung für den Unterschied zwischen Wahrnahme und Annahme, denke ich, und überlege, ob ich diese Sequenz nicht in meinen Vortrag einbauen kann. Vielleicht bekomme ich aus verschiedenen Sequenzen ein ganzes Gespräch mit ihm zusammengeschnitten. Dann könnte ich so tun, als ob ich ihn mitten im Vortrag anrufe und ihn bei der Erklärung des Phänomens um Hilfe bitte. Die Idee gefällt mir gut und ich hoffe, dass sie noch da ist, wenn wir bei Detlef sind. Ich habe schon so viele gute Ideen beim Autofahren gehabt und ebenso viele gute Ideen wieder vergessen, wenn ich am Ziel angekommen bin und sie aufschreiben wollte. „Kannst du mich bitte an Wolfsgesicht erinnern, wenn wir angekommen sind?“, bitte ich Alice, um meinem flüchtigen Verstand zu helfen.

„Klar“, sagt sie. „Ich weiß zwar nicht, was du vorhast, aber es gefällt mir jetzt schon.“

Alice liebt Wölfe. Der Wolf ist ihr Krafttier und taucht immer wieder in ihren Geschichten auf. Er begleitet uns auch im realen Leben. Ich kann ihn immer irgendwo erkennen. So wie jetzt, im 87. Fall der drei Fragezeichen mit dem Namen *Wolfsgesicht*. Wenn man weiß, worauf man achten muss, sieht man die Zeichen des Universums überall. Ich werde nachher mal im Buch der Symbole nachlesen, welche Bedeutung der Wolf genau hat.

Als wir bei Detlef ankommen, steht er schon in der Haustür und begrüßt uns herzlich.

„Ich wollte gerade zur Werbeagentur, die mich bei der Wahl unterstützen will. Magst du mitkommen?“, fragt er mich, während wir unsere Sachen in sein Gästezimmer tragen. „Es wird nicht lange dauern, es ist nur ein erstes Kennenlernen.“

Ich stimme zu, und eine halbe Stunde später sitzen wir am Besprechungstisch der Agentur. Es ist ein kleines, sympathisches Team. Martin, der Inhaber, ist ungefähr in meinem Alter und hat Betriebswirtschaft studiert.

Ich frage mich sofort, wo er wohl seine Klamotten kauft.

Der übergroße, grob gestrickte Pullover mit Stehkragen und die hellgraue Chinohose sehen zusammen sehr stilvoll aus. Mandy, die Designerin, erinnert mich an die junge Cindy Lauper und kommt frisch von der Stuttgarter Kunsthochschule. Joel ist Fotograf und der Instagram-Experte in der Agentur. Sein schwarzes T-Shirt mit der Aufschrift „I can freeze time" lässt mich schmunzeln.

Nach der Vorstellungsrunde klappt Mandy ihr Laptop auf. Sie präsentiert uns erste Entwürfe für eine Plakatserie. Es ist eine sehr schöne, moderne Arbeit mit tollen Fotos aus der Umgebung. Ich lese in Detlefs Gesicht, dass ihm die Plakate sehr wohl gefallen. Doch von den Socken hauen sie ihn nicht. Dafür sitzt er viel zu ruhig da. Wenn Detlef nämlich richtig begeistert ist, dann merkt man es am ganzen Körper. Als Mandy mit ihrer Vorstellung fertig ist, guckt sie erst Detlef und dann mich erwartungsvoll an. Als mich dann auch Detlef erwartungsvoll ansieht, ergreife ich das Wort.

„Eine wirklich sehr schöne Arbeit", sage ich. „Aber ich weiß nicht, was ihr in den Vorgesprächen besprochen habt. Darum kann ich jetzt nicht so viel dazu sagen."

„Es gab keine Vorgespräche", sagt Martin schnell und es klingt, als wolle er sich rechtfertigen.

„Gab es nicht?", frage ich verwundert nach. „Warum habt ihr uns das gerade alles gezeigt?"

„Wir wollten euch schon mal einige Ideen zeigen. Damit wir eine Grundlage für unser Gespräch heute haben. Das machen wir immer so."

„Steht denn schon fest, dass du in großflächige Werbeplakate investieren willst?", frage ich Detlef.

„Nein, dass hatte ich eigentlich nicht vor."

Kaum ausgesprochen, wird es eisig im Raum.

Für einen kurzen Moment friert vor meinem geistigen

Auge die komplette Szene ein und ich nutze den surrealen Stillstand, um mir jedes Gesicht in Ruhe anzugucken. Die verlorenen Blicke von Mandy, Martin und Joel erschrecken mich. Sie wirken wie drei Kinder, denen man im Sandkasten das Lieblingsspielzeug weggenommen hat, und die noch nicht wissen, ob schreien, heulen oder zuschlagen die richtige Reaktion ist. Ok, denke ich, bevor die Stimmung jetzt kippt, muss ich den Raum wieder mit Freude und Wertschätzung aufladen.

„Also", beginne ich und stopfe gedanklich die Friedenspfeife. „Ich finde eure Entwürfe richtig gut. Die kann man schon nehmen, so wie sie sind. Ich möchte euch aber dennoch einladen, zusammen mit uns noch mehr gute Ideen zu entdecken. Ich glaube, das kann eine fruchtbare Co-Kreation werden, und am Ende können wir so richtig aus dem Vollen schöpfen. Was meint ihr, habt ihr Lust dazu?"

„Ja, klar", sagt Mandy sofort erleichtert, und alle anderen nicken zustimmend.

„Wie kann denn so eine Co-Kreation aussehen?", fragt Markus.

„Zuerst sollten wir ein paar Quellen finden, die Detlef so richtig begeistern. Zum Beispiel in der Welt der Musik". Ich wende mich ihm zu. „Detlef, gibt es einen Musiker oder eine Band, die dich in deinem Leben besonders fasziniert hat, als Jugendlicher vielleicht?"

„Oh, da gibt es einige", antwortet er mit funkelnden Augen. „Da wäre die Band Triumvirat, aber die kennt kaum jemand. David Bowie fällt mir spontan ein, er hat meine Musikwelt sehr geprägt, besonders seine Werke aus den Siebzigern."

„Die kenne ich gar nicht", sagt Mandy etwas betrübt. „Die werde ich mir heute Abend mal anhören."

„Nein, Mandy“, rufe ich, „das wirst du nicht tun!“

Alle gucken mich erschrocken an.

„Wenn du dir die Musik heute Abend alleine anhörst, wirst du nicht die Begeisterung von Detlef fühlen, um die es mir geht“, erkläre ich und wende mich an Detlef. „Darum wünsche ich mir von dir, dass du uns deine Lieblingsstücke vorspielst, und zwar an dem Ort, wo du normalerweise leidenschaftlich gerne Musik hörst.“

„Das mache ich gern! Ich könnte sie euch sogar live vorspielen. An meinem Flügel meine ich. Wie wäre es morgen früh?“, schlägt Detlef vor, „ich habe sowieso gerade alles für das Wohnzimmerkonzert heute Abend auf- und umgebaut.“

Die Idee finden alle großartig und sind dabei. Wir unterhalten uns dann noch über weitere mögliche Quellen, in denen wir nach Inspirationen suchen können, und finden sie in Helmut Schmidt und dem Italiener bei Detlef um die Ecke. Dann einigen wir uns darauf, dass wir uns am nächsten Morgen um zehn Uhr bei Detlef treffen. Martin will Croissants und belegte Brötchen mitbringen, Joel ein paar Cappuccino von Detlefs Lieblingsitaliener und Mandy einen Bildband über das Privathaus von Helmut und Loki Schmidt.

Auf der Rückfahrt unterhalten Detlef und ich uns noch kurz über den Aktionismus der Agentur, schon vor dem ersten Gespräch Entwürfe zu machen. Ich erkläre, dass ich das oft von Kollegen höre. Zum einen haben sie sofort Ideen im Kopf, die raus wollen. Zum anderen glauben sie, dass der Kunde schon etwas sehen will, bevor er den Auftrag erteilt. Und das ist leider oft tatsächlich so.

„Ich kaufe doch nicht die Katze im Sack!“, habe ich mir früher oft anhören müssen, wenn ich nicht bereit war, mit einem kostenfreien Entwurf in Vorleistung zu gehen. In solchen Momenten habe ich mich immer fürchterlich aufgeregt und nicht gesehen, dass die Kunden es gar nicht böse meinten, sondern einfach nur ein falsches Bild meines kreativen Prozesses hatten. Sie dachten, ich schüttele meine Ideen einfach aus dem Ärmel. An dieser Annahme war ich auch selber Schuld. Ich habe früher viel zu oft meine Ideen schon im allerersten Gespräch preisgegeben und mich danach schrecklich geärgert, wenn der Kunde fragte, warum ich denn so teuer sei. Die Idee wäre doch schon da, und die Umsetzung würde er woanders viel günstiger bekommen. Es hat lange gedauert, bis ich verstanden habe, dass ich meinen kreativen Prozess von Anfang an verkaufen muss und nicht erst ab der Umsetzung.

„Ich musste in meinem Leben schon viel Wut und Frust runterschlucken," erkläre ich Detlef, „bis ich meinen wahren Wert erkannt habe."

„Was ist dein wahrer Wert?", fragt Detlef nach.

„Verträumt aus dem Fenster zu gucken und dabei jenseits der Norm zu wandeln."

„Das alleine reicht aber doch nicht, oder?", gibt Detlef zu bedenke. „Ich finde, erst die Fähigkeit, Ideen auch für andere sichtbar zu machen, macht dich zu etwas Besonderem."

„Da magst du Recht haben. Diesen Aspekt habe ich aber lange abgelehnt. Nach meiner Flucht aus der Agentur wollte ich kein Umsetzer mehr sein. Um genau zu sein, bist du es gewesen, der meine Leidenschaft für das Umsetzen wieder entzündet hat."

„Oh!", wundert sich Detlef. „Wie habe ich das denn geschafft?"

„Du hast mir die Möglichkeit gegeben, einen meiner Träume zu erfüllen."

„Ach, wirklich?“, Detlef staunt. „Welcher Traum war denn das?“

„Ein Plattencover illustrieren. Das wollte ich schon immer mal machen, und als ich das für dich tat, habe ich wieder richtig Lust bekommen, zu gestalten.“

Bei Detlef angekommen, empfängt uns Alice freudestrahlend in ihrem neuen Kleid. Sie sieht wahnsinnig gut aus. Elegant und zugleich extrem lässig, eine perfekte Kombination. Verliebt schaue ich sie an.

Es wird ein wundervoller Abend. Wir lachen und tanzen viel, und manchmal singen wir auch mit. Wieder einmal bin ich begeistert, wie sehr Musik die Menschen miteinander verbinden kann. Als Detlef am Klavier seine ganz eigene Interpretation von David Bowies *Heroes* singt, bin ich sicher nicht der Einzige mit Gänsehaut.

KAPITEL 11

Ihr könnt mich mal kreuzweise!

„We can be Heroes", summe ich beim Duschen vor mich hin und denke darüber nach, was mir Detlef gestern noch so alles zu diesem Lied erzählt hat. Ich wusste gar nicht, dass es in Berlin entstanden ist und dass es um ein Liebespaar an der Berliner Mauer geht. Ich hatte auch keine Ahnung davon, dass Bowie wohl durch ein expressionistisches Gemälde von Otto Müller zu seinem Welthit inspiriert wurde und ganz offensichtlich ein Meister im Erkennen bedeutender Randerscheinungen war. Und was ich auch noch nicht wusste: Detlef kann richtige Justus-Jonas-Qualitäten an den Tag legen, wenn es um moderne Musikgeschichte geht.

Beim Abtrocknen höre ich, wie mein Magen knurrt, und schaue auf die Uhr: 9:30 Uhr. In einer halben Stunde gibt es Croissants. Auf der Treppe steigt mir der Geruch frisch gemahlenen Kaffees in die Nase. Ich gehe runter und begrüße Detlef, der schon unseren Ideensprint vorbereitet. Es liegen einige Platten und Bücher von David Bowie, zwei Biografien von Helmut Schmidt und ein Kunstbuch von Otto Müller auf dem Tisch.

Dann klingelt es an der Tür. Es ist Markus. Ich klaue mir ein Croissant und gucke mir die Schallplattensammlung auf dem Tisch an. Ich erschrecke: Der Wolf, da ist er wieder! Wenn man darauf achtet, kann man überall Randerscheinungen von Bedeutung entdecken, denke ich begeistert, und nehme die Platte in die Hand. *David Bowie narrates Prokofiev's Peter and the Wolf*. Es klingelt erneut, und Mandy und Joel kommen herein. Joel nehme ich einen Cappucino ab und Mandy das Buch. Ich setze mich damit auf den bequemen Sessel und blättere fasziniert durch den Bildband. *Zuhause bei Loki und Helmut Schmidt* heißt er und ist ein fotografischer Blick in das Privathaus mit der Kunstsammlung des berühmten Paares.

Pünktlich um 10 Uhr spreche ich zur Begrüßung ein paar Worte und nehme dann das Kartenset mit den Namen der Essenzen in die Hand. Alice und ich haben das Kartenspiel zu den Duftsprays für den Erfolgskurs *Manifestiere dich glücklich* entwickelt. Es sind 32 Karten mit 32 Schlüsselbegriffen wie Genialität, Dankbarkeit, Mut oder Liebe. Ich mische die Karten und ziehe dann eine aus dem Stapel. Es ist die Karte „Lebendigkeit", Schlüssel Nummer sieben.

„Die Lebendigkeit ist heute unser Schlüssel zum Erfolg", erkläre ich. „Darum fragt euch in den nächsten zwei Stunden: Was bedeutet Lebendigkeit für euch? Wo könnt ihr Lebendigkeit entdecken? Wie könnt ihr eine Idee lebendiger machen?"

Ich nehme die siebte Flasche aus meiner Essenzen-Sammlung und gebe etwas davon in den Diffuser. Dann bitte ich Detlef, ein Stück von David Bowie zu spielen, das für ihn eine besonders starke emotionale Bedeutung hat. Die anderen fordere ich auf, sich ganz der Musik hinzugeben und dabei in den Büchern nach Inspirationen zu suchen.

„Vertraut darauf, dass irgendjemand von euch genau den richtigen Impuls entdeckt," gebe ich ihnen noch auf den Weg.

Detlef setzt sich an den Flügel und fängt an zu spielen. Ich hatte fest mit *Heroes* gerechnet, doch es ist sehr viel wilder, frecher, rockiger – ja, lebendiger. Ich habe den Song noch nie gehört. Vielleicht würde ich ihn erkennen, wenn Detlef wie gestern Abend dazu singen würde. Doch er gibt sich voll und ganz seinem Spiel auf dem Klavier hin. Alle anderen blättern derweil in den Büchern und wippen dabei leicht im Takt mit den Köpfen. Die Luft duftet herrlich nach Zitroneneukalyptus und Zirbelkiefer.

Als Detlef die Musik langsam ausklingen lässt, schauen alle von ihren Büchern auf, lächeln ihn an und klatschen Beifall. Detlef verneigt sich still und fängt wieder an zu spielen. Jetzt erkenne ich es sofort: Heroes. Alle vertiefen sich wieder in die Bücher und Plattencover. Nach zwei weiteren Stücken macht Detlef eine Pause und setzt sich zu uns. Mandy nimmt ein Buch und zeigt auf eine Textpassage: „Hier, dieser Text hat mich irgendwie angesprochen."

Joel guckt auf die Seite und sagt: „Witzig, die ist mir vorhin auch aufgefallen. *I am the space invader. I will be a rock and roll bitch for you*. Cooler Text."

„Deswegen habe ich es ja auch ausgesucht", sagt Detlef.

„Was hast du ausgesucht?", fragt Martin nach. „Das Buch?"

„Nein, nicht das Buch", sagt Detlef, „das Lied. Der Text auf der Seite gehört zu dem Lied, das ich euch als erstes vorgespielt habe. *Moonage Daydream* heißt es und ist von Bowies Album *The Rise and Fall of Ziggy Stardust and the Spiders from Mars*."

Alle gucken Detlef verblüfft an.

Wow!, denke ich und sage: „Perfekt! Unsere Gehirnwellen haben sich soeben synchronisiert. Wir können jetzt mit der Ideenproduktion beginnen."

Ich spreche meine Worte so unaufgeregt wie möglich und genieße es, in die verblüfften Gesichter zu gucken. So muss sich ein Zauberer fühlen, wenn ihm der Höhepunkt seiner Show gelungen ist und er genau weiß, dass sich jetzt alle im

Publikum fragen, wie er das nur gemacht hat. Dabei habe ich gar nichts gemacht. Ich habe lediglich dafür gesorgt, dass die Stimmung gut und die Freude im Raum zu spüren ist, und dass genug Quellen mit Randerscheinungen auf dem Tisch und in der Luft liegen. Unsere Gehirne synchronisieren sich in guter und angenehmer Atmosphäre von ganz alleine. Im Zuge meiner Recherche über das Gedankenlesen bin ich nämlich auf eine interessante Studie gestoßen, in der eine Schülergruppe ein Jahr lang von einer internationalen Forschergruppe begleitet wurde, um ihre Gehirnströme bei der Zusammenarbeit zu messen. Das Ergebnis war deutlich: Je mehr Freude die Schüler zusammen hatten, desto höher war auch die Synchronität der Gehirnwellen. Bei den Schülern, die auch ein Liebespaar waren, war die Synchronität sogar besonders hoch.

Die zwei Stunden Ideenfindung vergehen wie im Flug. Dieser Flugmodus ist für mich immer ein gutes Zeichen. Wenn ich etwas mit richtig viel Spaß und Freude tue, vergesse ich stets Raum und Zeit. Vermutlich sind es genau diese Momente, in denen mein Ernie das Lenkrad übernimmt und Bert auf dem Beifahrersitz ein Nickerchen macht. Und da Bert scheinbar bei allem gerade ein Nickerchen macht, werden die Ideen immer frecher und mutiger. Irgendwann ist das Motto für Detlefs Wahlkampf bei allen im Kopf, und keiner kann mehr sagen, wer es als erstes laut gesagt hat: „Ihr könnt mich mal kreuzweise!“

Detlef fühlt sich richtig wohl mit diesem provokanten Slogan. Damit es nicht nur ein Gefühl bleibt, mache ich mit einer Übung Detlefs wahre Absicht hinter seinem Bürgermeisterwunsch sichtbar. Ihm war gar nicht bewusst, wie wütend er ist, und wie sehr er sich wünscht, dass die Leute endlich aufwachen. Die parteigetriebene Vetternwirtschaft kotzt ihn an, und er will, dass sinnvoll zum Wohle der Gemeinschaft gehandelt wird. Gewinnen will er gar nicht, er wüsste sogar noch nicht mal, wie er das Amt zeitlich überhaupt stemmen soll. Schließlich hat er noch drei Firmen, um die er sich kümmern muss, und dann noch die Musik. Darum gefällt ihm die Idee, der *Space Invader* und die *Rock'n'Roll Bitch* für die Bürger zu sein, richtig gut. Auch die Idee, sein Programm als Open-Air-Konzert auf dem Dorfplatz vorzustellen, findet er klasse. Ein paar Ideen für politische Lieder hatte er sowieso schon im Kopf, und seine Musikerfreunde wären sofort dabei.

„Es hat richtig viel Spaß gemacht", erzählt er Alice, als sie von ihrer Frühstücksverabredung zurückkommt. „Zuweilen war es sogar richtig magisch, wie früher beim Handball, wenn wir einen Lauf hatten und alle blind zusammenspielten."

„Das kommt mir bekannt vor", sagt Alice und zwinkert mir zu.

„Kennst du eigentlich die Cut-Up-Technik?", fragt Detlef mich.

„Irgendetwas klingelt da bei mir", überlege ich. „Wie war das noch mal genau?"

„Bowie hat zufällige Texte auseinandergeschnitten und wieder neu zusammengelegt, um sich davon inspirieren zu lassen", erklärt Detlef.

„Ja, natürlich", fällt es mir wieder ein. „Das ist doch eine der magischen Techniken von William S. Burroughs, dem Autor von *Naked Lunch*, nicht wahr?"

„Genau", bestätigt Detlef. „Von ihm hat Bowie die Technik übernommen."

„Was sind denn die magischen Techniken von Burroughs?", fragt Alice. „Das hört sich spannend an."

„Ich weiß es nicht mehr genau, ich erinnere mich nur noch an die Cut-Up-Methode und weiß noch, dass er viele Inspirationen in seinen Träumen empfing.“

Zuhause angekommen, recherchiere ich, wie genau die Cut-Up-Technik funktioniert, und nehme mir fest vor, sie für meine Antrittsrede ausprobieren. Überhaupt möchte ich mehr Techniken auszuprobieren. Es kann doch nicht sein, dass ich immer noch mit einer fetten Denkblockade vor einem weißen Blatt Papier erstarre, obwohl ich so viele Kreativitätstechniken kenne! Ich muss schneller ins Handeln kommen, nehme ich mir vor, und mein Gehirn vorher aufwärmen.

Ich fange direkt damit an und schreibe in großen Buchstaben das Wort DENKBLOCKADE auf ein weißes Blatt Papier. Ich gucke es gedankenversunken an und empfange dabei verschiedene Bilder. Ich sehe, wie wir uns vor ein paar Stunden von Detlef verabschiedet haben. Plötzlich zerlegt mein Verstand das Wort in drei Teile: DENK-BLOCK-ADE.

„Das ist die Lösung“, sage ich laut zu mir selbst. „Ich sage der Denkblockade einfach ‚Tschüss‘, und übrig bleibt der Denkblock. Ich brauche einen Denkblock. Das ist genial.“

KAPITEL 12

Was ich jetzt brauche, ist Vertrauen in das große Ganze.

Nur noch vier Monate bis zur Antrittsrede, genau 18 Wochen. Ich gucke auf das Blatt mit den Worten Denk, Block und Adé und frage mich, wie ein guter Denkblock aussehen könnte. Ich schließe die Augen. Für einen kurzen Moment ist alles schwarz, dann taucht meine A-bis-Z-Liste wieder vor mir auf, und ich erinnere mich, wie viel Spaß Ernie und Bert damit hatten. Ich öffne die Augen, nehme mir ein neues Blatt und zeichne erneut ein Raster von fünf mal fünf Kästchen auf das Papier. Es fühlt sich gut an, das Blatt zu füllen. Dann frage ich meine beiden Sparringspartner im Kopf, was ich mit diesen Kästchen noch machen könnte, als sie wie letztens mit Buchstaben und Ideen zu füllen.

„Das sieht aus wie eine Excelliste", sagt Bert spontan.

„Oder wie ein morphologischer Kasten", findet Ernie. „Der hat mir immer Spaß gemacht."

„Die Kreativtechnik, die du meinst, heißt morphologische Matrix", verbessert Bert. „Die Methode gefällt mir auch sehr gut."

In Ordnung, Jungs, dann legen wir mal los. Wie ging das noch mal? Ich krame in meinen Erinnerungen nach einer Anleitung. In die erste Spalte kommen die Zutaten und in die weiteren Spalten daneben die Variationen, oder?

Für Sir Peter Ustinov braucht eine gute Rede „einen genialen Anfang, einen genialen Schluss und möglichst wenig dazwischen." Also schreibe ich mit einem Bleistift „ein genialer Anfang" oben links in das erste Kästchen, und in die untere linke Ecke: „ein geniales Ende". Für das „möglichst wenig dazwischen" habe ich also noch drei Zeilen übrig. In das erste freie Kästchen unter „ein genialer Anfang" schreibe ich in Großbuchstaben WARUM?, die zweite freie Zeile beginnt dann mit einem WIE? und in das freie Kästchen direkt darunter notiere ich: WAS? Dann lenke ich meine Gedanken auf die WARUM-Zeile und sehe mich in Gedanken vor dem Publikum am Pult: „Warum ist es wichtig, dass ich hier stehe und zu euch rede? Welches Problem soll ich für euch lösen? Welche Ungerechtigkeit auf der Welt verbindet uns alle, die wir hier sitzen? Was genau ist die Ursache dafür, dass ihr jetzt hier seid und mir erwartungsvoll zuhört?"

„Denkblockaden" schreibe ich, ohne zu zögern, in das Kästchen direkt neben dem WARUM. „Die Diktatur der Logik" will unbedingt ins nächste freie Kästchen. In das vierte schreibe ich „meine Schulzeit", und in das letzte freie Feld kommt „Aufmerksamkeitsdefizitstörungen". Ich kann gar nicht so schnell schreiben, wie weitere Ideen kommen. „Ein provokantes Bild" schreibe ich neben „ein genialer Anfang", „eine Überraschung" neben „ein geniales Ende". So geht es Kästchen für Kästchen weiter, und nach nicht einmal zehn Minuten habe ich alle Felder ausgefüllt. Ich staune über meine schöne Sammlung von Ideen, die ich jetzt alle wild miteinander kombinieren kann.

Ich nehme ein frisches Blatt, zeichne ein neues Raster und überlege, welches Thema ich für eine Gegenprobe nehmen könnte. In Gedanken gehe ich meine Träume durch und bleibe bei meiner Leidenschaft für Brettspiele hängen. Ich wollte schon immer ein Brettspiel erfinden, und jetzt spiele ich das Thema mit meiner neuen Methode einfach mal durch. Zuerst brauche ich die Zutaten. Was braucht ein gutes Spiel, damit es mich begeistert?, frage ich mich.

„Ein spannendes Thema“, schreibe ich in das erste freie Kästchen oben links. „Tolles Material“ kommt direkt darunter. Es folgen „eine interessante Mechanik“, „gutes Design“ und „ein besonderer Kniff“. Die erste Spalte mit den Zutaten ist kaum gefüllt, da fließen schon die ersten Ideen in die Zeilen: Karten, Würfel, Tarot, Psychologie, Comic-Look, Deckbuilding, Ami-Trash, One-On-One. Kreuz und Quer füllen sich die Felder. Stopp!, bremse ich mich. Die Methode funktioniert super, mehr wollte ich mir gar nicht beweisen. Der Traum vom Brettspiel muss noch etwas warten. Ich lege das Blatt zur Seite. Es kommt nicht in die Schublade, sondern gut sichtbar auf meinen Schreibtisch. Wenn die Zeit reif ist, mache ich damit weiter. Dann widme ich mich wieder meinem Zettel mit den Worten Denk-Block-Adé.

Mit gefällt mein Rasterblock für den schnellen Ideenfluss. Gibt es noch andere Methoden mit einem Raster?

„Die A-bis-Z-Liste hat 25 Felder, und die 635-Methode hat 18 Felder“, meldet sich Bert zu Wort. „Die Osborne-Checkliste hat neun Felder und die Denkhüte von Edward de Bono sechs.“

„Walt Disney brauchte nur drei“, ergänzt Ernie. „Ein Feld für den Träumer, eines für den Realisten und ein Kästchen für den Kritiker.“

Das sind ja schon sechs verschiedene Raster, mit der Cut-Up-Technik sogar sieben, freue ich mich, und stelle mir ein Blatt vor, auf dem die verschiedenen Raster in verschiedenen Farben aufgezeichnet sind – so wie die Spielfelder in einer großen Sporthalle. Mein Herz pocht spürbar stärker, und die kreative Energie durchströmt meinen ganzen Körper. Ich liebe dieses Gefühl. Ein Denkblock mit verschiedenen Spielfeldern – was für eine geniale Idee! Sofort mache ich mich an den ersten Entwurf.

Die folgenden Stunden gebe ich mich ganz meiner Idee der farbigen Spielfelder hin. Spielen ist für mich ein wichtiger Motor bei der Ideenfindung. Wenn man spielt, fällt es viel leichter, neue Regeln zu akzeptieren, alte Gewohnheiten abzulegen, gemeinsame Ziele zu verfolgen. Auch kann man dabei den Alltag ausblenden und zusammen Spaß haben – alles wichtige Voraussetzungen für Kreativität. Doch die Spielfelder wollen mir nicht so richtig gelingen. Meine Freude verpufft, und ich bekomme wieder ein Gefühl für die Zeit. 17:32 Uhr. Keiner meiner Entwürfe gefällt mir. Grafisch ist es zwar ganz reizvoll, praktisch aber eine unübersichtliche Katastrophe. Aus Begeisterung wird Frustration. Auch diese bittere Erfahrung gehört zum schöpferischen Prozess: Es ist der Moment, an dem meine Willenskraft getestet wird. Bleibe ich am Ball oder landet die Idee in der Schublade bei den anderen, die es ebenfalls nicht über die Frustationsschwelle geschafft haben? Was ich jetzt brauche, ist Vertrauen in das große Ganze. Danke, lieber Frust, dass du mir sagst, dass ich meine Strategie ändern muss, sage ich zu mir selbst und versuche, mich nicht runterziehen zu lassen. Es gibt eine bessere Lösung als bunte Spielfelder. Sie liegt direkt vor mir. Ich sehe sie nur noch nicht, weil meine Gedanken noch von der Begeisterung für bunte Spielfelder geblendet sind.

„Damit wir andere Sterne sehen, muss unsere Sonne untergehen", lautet ein Sprichwort. Das erklärt zwar, warum ich nachts oft so gute Ideen habe, hilft mir aber im Moment nicht weiter. Ich will nicht bis morgen früh warten. Ich will jetzt eine Lösung. In diesen Fällen hilft nur brachiale Gewalt. Ich brauche einen Sonnenzerstörer! Zuvor gilt es natürlich, die richtige Sonne zu bestimmen. Das Ziel ist bereits anvisiert: die bunten Spielfelder. Ich bin so darauf fixiert, dass sich alle meine Gedanken nur darum drehen. Ich muss mich davon lösen. „Kill your Darlings“, hat es der Schriftsteller William Faulkner genannt, wenn man sich von Dingen trennen muss, die einem zwar ans Herz gewachsen sind, aber die Geschichte nicht vorantreiben. Es fällt mir nicht leicht, meine Idee aufzugeben – obwohl ich genau weiß, wie wichtig das ist, damit es weitergehen kann. Wie oft hat es mich selbst schon genervt, wenn einzelne Personen in meinen Workshops an ihren Ideen festhalten und damit alle anderen blockieren. Das Loslassen alter Ideen ist genauso wichtig wie das Annehmen neuer.

Na dann los, motiviere ich mich. Ich lasse los und nehme an. Ich atme ein, ich atme aus. Alles, was kommt, heiße ich willkommen. Zum Glück habe ich schon Übung mit dieser Methode und merke, wie langsam neue Energie durch meinen Körper fließt.

Ich bitte Ernie und Bert um ihre Hilfe. Ich lehne mich zurück, gucke verträumt aus dem Fenster und tauche ab in die Welt, in der Raum und Zeit keine Bedeutung haben. Ich suche, versuche, verwerfe – und finde.

„Hey Babe,“ Alice kommt ins Zimmer. „Willst du nicht langsam mal Schluss machen. Es ist schon Viertel nach zehn.“

„Ich bin gerade fertig geworden“, antworte ich. „Guck mal, wie findest du es?“

Alice guckt verwundert auf mein Blatt. „Ich sehe ein Quadrat aus bunten Strichen, und ich sehe noch Zahlen drum herum.“

„Ja, großartig, oder?“

„Hm“, macht sie. „Was genau begeistert dich daran?“
Ich zeige Alice, wie ich in den Rahmen verschiedene Raster

einzeichne, und erkläre kurz die jeweilige Kreativtechnik dazu.

„Das würde ich gerne einmal ausprobieren. Kann ich schon einen Block bestellen?“

„Na klar“, sage ich. „Die erste Auflage geht morgen früh in Druck.“

Zufrieden nehme ich mir meine morphologische Matrix für eine gute Rede von heute Morgen vor und schreibe in die WIE-Zeile: „Denkblock mit Ideenraster“. Dann betrachte ich mein Tageswerk und stelle fest, dass ich noch einen guten Namen für den Block brauche.

„Kommst du?“, höre ich Alice aus dem Schlafzimmer rufen.

„Ja!“, rufe ich zurück und mache das Licht aus. Jetzt ist Zeit für Re-Kreation.

KAPITEL 13

Sei Pippi, nicht Annika!

„Spielen ist das angeborene Verhalten, um unsere Potenziale zu entfalten“, schreibe ich mein Notizheft und beobachte, wie Mops Wilma und Kater Snow ihr neckisches Spiel treiben. Wie schön es doch ist, wenn man jemanden zum Spielen hat, denke ich, und nehme meinen Denkblock-Entwurf in die Hand. Sieben Raster für sieben verschiedene Kreativitätstechniken habe ich schon. Die meisten davon spielt man allerdings alleine. Ich hätte gerne noch ein Raster für mehrere Personen. Am besten für eine ganze Gruppe. Mein Blick fällt auf das Raster mit der ABC-Liste. A–B–C–D–... In Gedanken renne ich durch das Alphabet und rufe unvermittelt: „Stop!“ Ich war beim Buchstaben S! Ein lustiges Spiel, welches mit S anfängt?, frage ich mich, und gebe mir zufrieden die Antwort: Stadt, Land, Fluss! Das haben wir früher im Freundeskreis oft gespielt. Besonders viel Spaß machte es mit eigenen Kategorien. „Ein guter Grund, sich zu betrinken“, „ein anderes Wort für Penis“ und „eine Entschuldigung fürs Schuleschwänzen“ sind Rubriken, an die ich mich spontan erinnere – wie albern wir in der Pubertät doch waren!

Heute gucke ich aus dem Fenster und frage mich: Dinge mit S, die man machen kann, wenn die Sonne scheint?

Spazierengehen kommt mir als erstes in den Sinn.

„Lust auf ein zweites Frühstück?“, frage ich Alice. „Ich würde mit Wilma zum Bäcker laufen und Brötchen holen.“

„Gerne“, antwortet sie. „Lass dir aber ruhig Zeit, ich will noch ein wenig an meinem Roman weiterschreiben.“

„Dann laufe ich heute mal einen Umweg und trainier meine Aufmerksamkeit für Randerscheinungen."

„Ich bin gespannt, was du entdeckst."

Die Morgenluft ist herrlich. Wilma bleibt alle paar Meter stehen und schnüffelt jeden Laternenmast gründlich ab. Ich gucke mich dabei aufmerksam um und suche interessante Dinge, denen ich eine Bedeutung schenken kann. Mein Augenmerk fällt auf einen grünen Lieferwagen, der auf der anderen Straßenseite steht. Auf der Wagenseite steht mit großen gelben Buchstaben: „Mit uns blüht ihnen was." Ich schüttele den Kopf. Wer beauftragt denn bitte eine Firma, die mit ihrem Slogan verspricht, dass einem etwas blühen wird? Es ist eine Gärtnerei, und dann verstehe ich, wie der Spruch gemeint ist: mit einem Augenzwinkern. Sofort denke ich an mein „Guilty"-Parfüm und an die Herstellung von Düften. Der doppeldeutige Wortwitz ist in diesem Fall die Kopfnote. Wenn die verflogen ist, bleibt die unbewusste Bedeutung der Redewendung im Herzen. Die ist bei mir über Jahre hinweg gewachsen und eindeutig negativ belegt. Ich gehe weiter und stelle mir vor, wie der Lieferwagen eines Malereibetriebes daneben parkt. Auf seiner Autotür verspricht er, „ein blaues Wunder zu erleben". Ein drittes Handwerkerauto gesellt sich in die Reihe. Ein Elektriker: „Damit sie endlich wieder lichte Momente im Leben haben." Ein tolles Trio!, lobe ich meine Fantasie. Mein Ernie grinst und bedankt sich. Dann schnüffelt Wilma ganz aufgeregt an einem Stromkasten, der schon halb von einer wild wuchernden Hecke verschlungen wird. Ich muss ein paar Mal mit den Augen zwinkern, um lesen zu können, was jemand da mit einer roten Spraydose raufgesprüht hat. Mein Gehirn scheint mit den Jahren langsamer darin zu werden, von meinem Träumer-Modus wieder in den Hier-und-Jetzt-Modus zu schalten. „Sei Pippi, nicht Annika“, steht da.

„Du bist ja ein richtiger Spürhund für coole Randerscheinungen“, lobe ich Wilma, und versuche sie, ein Stück wegzuziehen, um ein Foto zu machen. Die Mopsdame guckt mich stur an und weigert sich, aus dem Bild zu tapsen. „Ich will dein tolles Fundstück fotografieren, um es in meinen Vortrag einzubauen. Als Belohnung hole ich dir auch etwas Feines zum Frühstück.“

Früher habe ich mich immer über meine Oma lustig gemacht, die sich stundenlang mit unserem Schäferhund unterhalten hat – heute spreche ich selbst mit dem Mops. Dabei wollte ich doch Randerscheinungen entdecken, und das kann ich nur, wenn es in meinem Kopf ganz still ist!, ermahne ich mich und laufe den restlichen Weg zum Bäcker in konzentrierter Stille. Da ich keine einzige Randerscheinung mehr entdecke, vermute ich, dass sie so viel Aufmerksamkeit nicht mögen und sich dann gut verstecken. Ohne eine neue Sichtung komme ich beim Bäcker an, kaufe Brötchen und gehe danach noch in den Supermarkt nebenan, um für Wilma die versprochene Kaustange zu holen. In dem Gang für Tiernahrung fällt mir ein junges Mädchen mit bunten Haaren auf. Ich habe schon lange keine Punks mehr gesehen, stelle ich fest. Punks. Popper. Rapper. Mods. Skins. Rude Boys. Scooter Boys. Teds. Rockabillies. Psychobillies. Grufties. Waver. Raver. Früher gab es so viele Jugendgruppen. Wo sind die eigentlich alle hin? Haben die Jugendlichen heute gar keinen Drang mehr, sich optisch auszudrücken? Ich sehe meine eigenen Kinder vor mir, wie sie Geld dafür ausgeben, um ihre digitalen Avatare mit sogenannten „Skins“ besonders zu machen. Das kann man nicht vergleichen, diskutiere ich mit mir selbst. Früher war es ja ein emotionales Zusammenspiel mit der Musik. Meine Gedanken an den Punk vergangener Tage machen mir plötzlich Lust auf Berlin. Ich muss Florian mal wieder anrufen und hören, wie es ihm geht. Florian und ich haben zusammen studiert und wilde Parties gefeiert. Es ist lange her, dass ich ihn besucht habe.

An der Kasse steht das Punk-Mädchen direkt vor mir. In dem Verkaufsregal über dem Fließband sehe ich eine Packung *Hubba Bubba*. Die gibt es noch?, wundere ich mich. Dann bleibt mein Blick an dem großen, verblassten Aufnäher auf der schwarzen Lederjacke vor mir hängen, und ich erkenne Pippi Langstrumpf. Mein Blick wandert weiter zur „Pflegespülung für alle Haartypen" mit dem Namen „WOW! GLOW". Das Mädchen hat das teure Markenprodukt gerade auf das Band gelegt, und ich überlege, wieviel Pippi Langstrumpf wirklich in ihr steckt. Oder ob sie doch eher eine Annika ist, die sich verkleidet hat, um nicht aufzufallen.

Dabei werde ich das Gefühl nicht los, dass aus der Pippi-Randerscheinung vom Hinweg gerade ein Wink mit dem Zaunpfahl geworden ist.

Der Buchladen gegenüber öffnet gerade seine Türen, und ich entscheide mich, nach einem Pippi-Langstrumpf-Buch zu fragen. Die Auswahl ist größer als ich erwartet habe. Ich wähle den Band Nummer drei. *Pippi in Taka-Tuka-Land.* Eine Sonderausgabe zum 75. Jubiläum. Zufrieden mit unserer Beute gehen Wilma und ich auf dem direkten Weg wieder nach Hause. Nach dem Frühstück mache ich es mir mit Alice auf unserer Doppelliege in der Sonne gemütlich. Alice genießt mit geschlossenen Augen die Sonne, Mops Wilma knabbert neben uns an ihrer Kaustange, und ich fange an, mein neues Buch zu lesen.

„Spunk?", fragte Thomas. „Was bedeutet das?"

„Wenn ich das bloß wüsste", sagte Pippi. „Das Einzige, was ich weiß, ist, dass es nicht Staubsauger bedeutet."

Pippi hatte es gefunden: ein neues Wort – einen Spunk. Und um herauszufinden, was ein Spunk ist, machten sich Tommy, Annika und Pippi auf den Weg in die Stadt. Doch niemand in der Stadt kannte einen Spunk. Traurig ritten die drei Kinder wieder nach Hause. Da entdeckte Pippi einen unbekannten Käfer.

„Es ist ein Spunk!" „Bist du ganz sicher?", fragte Annika. „Glaubst du etwa nicht, dass ich einen Spunk erkenne, wenn ich einen vor mir hab?", sagte Pippi. Ich bin begeistert: Was für eine coole Kreativtechnik! Man denkt sich ein Wort aus, das noch keine Bedeutung hat, und macht sich dann auf die Suche, was es sein könnte.

Ich erinnere mich an eine Methode, die genau nach diesem Prinzip funktioniert, aber nicht daran, wie sie heißt. Ich gehe ins Arbeitszimmer, suche mein Lexikon der Kreativitätstechniken raus und studiere das Inhaltsverzeichnis. Bei S werde ich fündig. S wie Semantische Intuition.

Mit Papier und Bleistift in der Hand überfliege ich die Anleitung. Erstens: Beschreibe genau, wofür du eine Idee brauchst.

„Ich brauche eine Idee für meine Antrittsrede", sage ich laut. Zweitens: Liste Worte untereinander auf, die dir zu deinem Thema einfallen. Dabei gilt es, möglichst kurze Wörter zu bilden. Aus Möbelwagen wird zum Beispiel Möbel und Wagen. Ich habe das Prinzip verstanden und lege los: Lampen, Fieber, Key, Note, Denk, Block, Ade, Humor, Spannungs, Bogen. Nach 48 Worten bricht meine Assoziationskette ab und ich lese weiter. Drittens: Liste Wörter zu einem völlig anderen Thema auf. Ich versuche es mit meinem Lieblingsthema Brettspiele: Brett, Spiel, Anleitung, Karten,

Würfel, Kick, Starter, Ami, Trash, Deck, Building. Hier schaffe ich problemlos 68 Wörter. Viertens: Erfinde neue Wörter. Kombiniere dazu jeweils zwei beliebige Begriffe aus den Listen miteinander. Ich nehme mir Kommissar Zufall zu Hilfe und schneide jedes Wort aus, um alles gut durchzumischen. Dann ziehe ich immer zwei Zettel und kombiniere sie. Genau so hat es David Bowie in seiner Cut-Up-Technik gemacht.

Nach 15 Minuten habe ich meine drei Favoriten gefunden: Denkdeck, Keykick und Humoranleitung.

Ich bin zufrieden und lese Fünftens: Frage dich, was das neue Wort bedeutet. Beim Denkdeck habe ich sofort ein schön gestaltetes Kartenspiel mit visuellen Inspirationen im Kopf. Beim Keykick sehe ich noch gar nichts. Ich spüre aber, dass es irgendetwas Lautes sein muss. Die Humoranleitung gefällt mir besonders gut. So etwas könnte ich jetzt gut für die Vorbereitung meiner Rede gebrauchen. Ich freue mich, wie gut die semantische Intuition funktioniert und bin sicher, damit einen guten Namen für meinen Denkblock zu finden. Ich probiere es gleich aus. Brain, Storming, Blei, Stift, Kreativ, Technik... Die Worte fließen auf das frische Blatt Papier. Nach weiteren 15 Minuten habe ich tatsächlich einen guten Namen gefunden. Ich gucke sofort im Netz nach, ob eine entsprechende Domain noch frei ist.

„Volltreffer! Ich taufe dich hiermit feierlich auf den Namen *Braingrids*", sage ich zu dem Entwurf in meinen Händen.

KAPITEL 14

Aber Schummeln ist doch erlaubt.

Ich habe schon lange nicht mehr so gut und lange geschlafen. Zehn Uhr ist es bereits, als ich frisch geduscht im Badezimmer stehe und auf den Flakon in meiner Hand gucke. *Happy* steht drauf, und ich sprühe mir ein paar Glücksstöße davon auf meinen Körper. Glücklich ist viel besser als schuldig, denke ich, und bin Alice einmal mehr für dieses wundervolle Geschenk dankbar. Ja, ich bin sehr glücklich. Der Name *Braingrids* gefällt mir immer noch, und ich freue mich darauf, damit zu experimentieren. Nach dem Frühstück werde ich mich aber zunächst mit der Cut-Up-Technik beschäftigen, von der Detlef mir erzählt hat, und die mir gestern so viel Spaß gemacht hat.

Meine Recherche führt mich erneut in die okkulte Welt der Alchemisten, Freimaurer und alten Magier. Ich bin gefesselt. Es gab schon immer Menschen, die jenseits des vorherrschenden Weltbildes forschten, wie man sein wahres Potenzial entfalten kann. Eine gute Möglichkeit der Potenzialentfaltung ist, hinter die Kulissen der eigenen Logik zu blicken, indem man die Sprache in ihrer Bedeutung zerlegt. Mit Worten vereinfachen wir unsere Welt, so wie es die Landkarten in einem Atlas tun oder die Linien auf einem U-Bahn-Plan. Die Welt ist so komplex, dass unser Gehirn immer ein stark vereinfachtes Modell braucht, um Dinge bewusst zu verstehen. Diese Modelle müssen wir mit einfachen Worten beschreiben können, um sie auch anderen Menschen schnell verständlich zu machen. Alles, was jenseits dieser Modelle wahrgenommen wird, verschwindet im

Unterbewusstsein, wo die ganze Komplexität unserer Wahrnehmung als Bild und Emotion abgespeichert und mit den gesprochenen Worten des Modells verknüpft wird. „Aufmerksamkeitsdefizitstörung“ wäre demnach so ein codiertes Wort, das die gesamte Komplexität meiner lebenslang gespeicherten Bilder und verknüpften Gefühle in ein und demselben Moment aus meinem Unterbewusstsein abruft. Diese enorm emotionale Datenmenge führt dann dazu, dass meine sachliche Vernunft von jetzt auf gleich abstürzt, und ich keinen klaren Gedanken mehr fassen kann. In besonders stressigen Momenten ist also mein Sprachzentrum so stark von der Wucht der emotionalen Komplexität überwältigt, dass es komplett überhitzt und ich kein einziges vernünftiges Wort mehr herausbekomme.

Ich spinne meine Theorie weiter: Unser Gehirn aktiviert in diesen Fällen ein Notfallprogramm, das für alle Menschen gleich ist. Zuerst versucht es, einen Angriff zu starten. Wenn das nicht möglich ist, wird die Flucht ergriffen. Gelingt auch das nicht, erstarren wir. Das ist plausibel: Wie oft bin ich schließlich schon vor einem weißen Blatt erstarrt. Oder vor einer anderen Person, die mich kreativ herausgefordert hat. Ich muss an meine Antrittsrede denken. Im schlimmsten Fall werde ich vor einem Publikum erstarren, das darauf wartet, dass ich jetzt besonders kreativ bin. Sofort geht das Brummen und Zischen in meinem Kopf wieder los, und ich sehe wieder all die nackten Fratzen vor mir. Ich schlage mir gegen den Kopf. Ich muss meiner ohnmächtigen Erstarrung entkommen, sage ich mir. Mein Gehirn ist überhitzt, ich muss es runterkühlen! Ich atme tief ein und aus. Alles wird gut!, beruhige ich mich, und wiederhole es solange, bis ich es auch fühle. Alles wird gut. Es ist ein herrlicher Tag. Die Sonne scheint. Ich habe gute Laune, und es ist noch genug Zeit, bis ich die Rede halten muss.

Ich gehe ins Arbeitszimmer und stelle mich mit geschlossenen Augen vor das Regal mit den Duftessenzen. Welche Essenz würde Alice mir jetzt empfehlen?, überlege ich und merke, wie mich allein der Gedanke daran schon ruhiger werden lässt.

„Ruhe“, „Freude“, „Kreativität“, „Leichtigkeit“... Ich gehe alle Essenzen durch und entscheide mich für „Urvertrauen“. Davon sprühe ich mir ein paar Duftstöße in mein Gesichtsfeld. Es tut gut, die kühle Frische zu spüren und den herrlichen Duft einzuatmen – ein wahrer Genuss für meine Sinne. Langsam gewinne ich mein Vertrauen zurück: das Vertrauen in meine Fähigkeiten, das Vertrauen in andere, die mir jederzeit gerne helfen werden, und das Vertrauen in eine höhere Macht, die am Ende immer alles gut werden lässt.

„Papa, Telefon.“ Mein Sohn Jack ruft an, und ich hebe ab. „Hey, Großer, wie schön, dass du anrufst“, melde ich mich, und spüre eine extra dicke Portion Vertrauen. Jack erzählt mir von seinem neuen Projekt und wie der Umbau des Kellers läuft. Es macht mich stolz, zu hören, was er und seine Jungs so alles auf die Beine stellen. Als er mit seinem Bericht fertig ist, frage ich ihn: „Kennst du eigentlich Ernie und Bert?“

„Das sind doch so Puppen, oder? Der eine ist doch gelb und der andere orange, richtig?“

„Ja, genau“, antworte ich und erkläre Jack, was es mit den Figuren auf sich hat und für welche Eigenschaften sie stehen.

„Das ist ja wie bei SpongeBob und Thaddäus“, ruft er aus.

„SpongeBob ist doch der gelbe, oder?“, frage ich, und wir beide müssen lachen. Es gibt doch mehr kulturelle Unterschiede zwischen uns, als ich manchmal wahrhaben will. Ich verspreche ihm, dass ich bald mal vorbeikommen werde, und mache mich wieder an die Cut-Up-Technik.

Die Methode erscheint mir immer mehr eine gute Möglichkeit, die codierte Welt der Logik aufzubrechen und durch die Risse das Potenzial dahinter zu entdecken. Ich muss also nur die bestehenden Modelle meiner Wirklichkeit zerlegen und wieder neu zusammensetzen. Diese bewusst hervorgerufene Verwirrung von Bert nutzt Ernie dann, um das Lenkrad für einen Moment zu übernehmen. Ich bin sehr gespannt, ob es in der Praxis genauso gut funktionieren wird.

Da ich mit meiner Rede begeistern will, entscheide ich mich für drei Modelle in meinem Kopf, die mich schon lange begeistern: Harry Potter, Crowdfounding und Tarot. Diesmal schreibe ich aber nicht nur drei einzelne Worte auf, sondern versuche, jeweils eine Frage zu formulieren, die mir dabei hilft, viele Antworten zu finden: Was begeistert mich in der Welt von Harry Potter? Welche Prinzipien gefallen mir bei Crowdfounding? Was genau fasziniert mich beim Tarot?

Jeden Aspekt meiner Begeisterung formuliere ich nun ausführlicher: eine magische Welt, die nur für Eingeweihte sichtbar ist; außergewöhnliche Produkte, die es sonst nirgendwo zu kaufen gibt; ein universelles System, das Logik und Intuition miteinander verbindet. Eigentlich wollte ich ganze Sätze formulieren, aber das ist gar nicht so einfach. Ich merke, wie die Freude langsam schwindet.

Bevor sie sich ganz aus dem Staub macht, ändere ich lieber meine selbst auferlegte Regel und zähle die guten Dinge einfach kurz und knackig auf. Mein Ernie im Kopf freut sich, doch Bert protestiert: „Das ist Schummeln!"

Aber Schummeln ist doch erlaubt.

„Aber Schummeln ist doch erlaubt. Das ist sogar das oberste Gesetz“, erklärt Ernie.

„Ach so, das wusste ich nicht. Na dann, lass uns alles kurz und knackig aufzählen.“

Liebevolles Design. Hochwertige Materialien. Überraschende Wendungen. Geschenke. Jetzt fließen die Ideen wieder, und nach 25 Minuten liegen drei Blätter voller Begeisterung vor mir. Ich habe in den letzten Versuchen festgestellt, dass es sehr wichtig ist, mir ausreichend Zeit für die Assoziationsketten zu nehmen und nicht sofort aufzuhören, wenn der erste Ideenfluss abebbt. Meine ersten spontanen Einfälle sind oft noch sehr naheliegend und gewöhnlich. Nach ungefähr sieben Minuten sind meine Gedanken aus den oberen Schichten jedes Mal leer, und ich muss tiefer graben. Wenn ich dann die unteren Schichten durchbohrt habe und neue Adern finde, wird es erst recht richtig spannend. Dann entdecke ich Abkürzungen, Übertreibungen und Paralleluniversen.

Ich schneide die Sätze, Aufzählungen und Worte wieder auseinander und mische die Schnipsel gut durch. Ich bin etwas aufgeregt, als ich den ersten Zettel ziehe. Die erste Begeisterung, die ich einbauen soll, ist – ich atme noch einmal tief ein und aus – „die Heldenreise“. Gespannt ziehe ich einen zweiten Zettel: „ein aufmerksamkeitsstarkes Eröffnungsvideo“. Ansteigender Trommelwirbel. Und die dritte Begeisterung ist – der Trommelwirbel wird lauter – „unheimliche Monster und Kreaturen“. Ich gucke mir alle drei Zettel zusammen an und überlege, welche coole Idee für meine Antrittsrede wohl darin verborgen sein mag. Es könnte ein guter Anfang werden. Ich könnte von meiner eigenen Heldenreise erzählen. Wie ich als Ernie auf die Welt gekommen bin – oder als SpongeBob – und in der Schule langsam zu Bert wurde. Ich könnte erzählen, wie ich gegen die vielen unheimlichen Fräulein-Rottenmeier-Kreaturen kämpfe. Aber wie bekomme ich da das Thema Wahrnahme und Annahme rein?

„Paapaa Teeleefoon!“ Erst jetzt höre ich mein Handy klingeln. Es ist eine Berliner Nummer, erwartungsvoll gehe ich ran.

„Ich bin's, Florian“, meldet sich mein alter Freund. „Ich habe gehört, du fängst im Herbst an unserer alten Hochschule an, und da wollte ich dir gratulieren.“ An der Melodie seiner Stimme höre ich, dass er wieder getrunken haben muss.

„So ein Zufall“, sage ich erstaunt. „Ich wollte dich heute anrufen. Wie geht es dir denn?“

KAPITEL 15

Stell dich quer, dann bist du wer.

Florian ist ein verdammt guter Illustrator, ein noch besserer Texter und konnte sich schon im Studium nicht entscheiden, ob er lieber Musiker oder Designer werden will. Er hat dann beides gleichzeitig probiert, konnte aber in keiner Disziplin einen langfristigen Durchbruch feiern. Das Auf und Ab in seinem Leben war auch immer von einem Hin und Her begleitet. Seine kurze Karriere in einer großen Hamburger Werbeagentur endete abrupt, nachdem er auf einer Agenturparty mit der Freundin vom Chef abgedampft war. Sein Plattenvertrag mit einem angesagten Indie-Label wurde nach der ersten Tour aufgelöst, weil sich die Band komplett zerstritten hatte. Und die Designagentur in Berlin, die er mit unseren Kommilitonen Olli und Bernd gegründet hatte , ging nach drei Jahren Pleite, weil die drei mehr gefeiert als gearbeitet hatten. Florian lässt wahrlich kein Klischee aus. Seit ein paar Jahren will er nun auch noch Schriftsteller werden und schreibt an einem historischen Roman über einen rockenden Barden, der durch das frühe Mittelalter tourt – eine abgefahrene Geschichte voller verrückter Ideen, die ich wahnsinnig gerne als Netflixserie verfilmt sehen würde. Leider hat Florian aber gerade keine Zeit, weiterzuschreiben, wie er mir nun erzählt. Er hat wieder angefangen, für eine große Agentur zu texten – aber ohne feste Anstellung, damit er nebenbei noch mit seiner neuen Band auf kleinen Festivals auftreten kann und nicht am Montag um acht Uhr in irgendeinem Büro antanzen muss.

Florian ist für mich der lebende Beweis für den Kalenderspruch: „Genie und Wahnsinn liegen nah beieinander." Ich werde nie vergessen, wie ich ihn eines Morgens in unserem Atelierraum der Kunsthochschule schlafend mit der Gitarre im Arm vor einem Bild vorfand. Er hatte es offenbar am Abend zuvor angefangen und noch nicht fertig bekommen. Auf der Staffelei waren jedenfalls nur wilde Krakeleien zu sehen. Erst, als ich meine Sachen am anderen Ende des Raumes auf den Tisch legte, erkannte ich, was er in der Nacht gezeichnet hatte: ein Porträt von Jimi Hendrix. Es war erst aus der Distanz zu erkennen. Wie genial.

Florian hat tatsächlich etwas getrunken. „Nur eine Flasche Wein", versichert er mir. Und als ihm am Ende unseres Telefonats übel ist, liegt es wohl nicht am Wein, wie er gleich klarstellt, sondern an der Tüte Lakritz, die er während unseres Gesprächs aufgefuttert hat.

„Ich mag Florian, und irgendwie tut er mir in seinem ganzen Chaos leid," sage ich später zu Alice. „Aber es ist ja sein Leben, da kann er machen, was er will."

„Das sehe ich anders." Alice guckt mich ernst an. „Er hat doch Kinder, oder?"

„Ja, zwei. Ein Mädchen und einen Jungen."

„Wenn er in seinem tiefsten Inneren voller Überzeugung sagen kann, dass er seinen Kindern genau das gleiche Leben wünscht, welches er gerade führt, dann kann er so weitermachen", sagt Alice. „Wenn er sich allerdings auch nur für einen Moment etwas anderes für sie wünscht, dann solltest du ihm mit Nachdruck dazu raten, etwas zu ändern und ein Vorbild für sie zu werden. Du weißt doch selber, welche unterbewusste Wirkung deine Eltern auf dich haben."

Sofort sehe ich die Flasche *Sanostol* auf dem Tresen, spüre wieder die Zweifel und Sorgen meiner Mutter und erinnere mich daran, wie sie im Laufe der Zeit zu meinen eigenen wurden. Meine Gedanken nehmen das Wort *Sanostol* auseinander und ordnen die Buchstaben neu an. „A lost Son", lese ich jetzt.

„Stimmt, so einfach ist das mit der Ich-kann-tun-und-lassen-was-ich-will-Einstellung nicht", gebe ich Alice recht und nehme mir vor, Florian in Berlin recht bald zu besuchen. Dann muss ich wieder an meine Rede denken: „Glaubst du, ich könnte meine Antrittsrede mit der Heldenreise eines verlorenen Sohnes beginnen?"

„Wer fragt mich das jetzt?", will Alice wissen, „Ernie oder Bert?"

Ich muss lachen und fühle mich von meinen eigenen Waffen geschlagen. Ich nehme Alice in den Arm. Sie wird gleich auf ihren Mädelsabend verschwinden und fragt, was ich noch vorhabe.

„Vielleicht werde ich eine Humoranleitung schreiben."

„Eine Humoranleitung? Das gefällt mir jetzt schon", sagt Alice mit einem Lächeln und verschwindet schwungvoll durch die Tür.

Stille. Zwei Stunden werde ich mich jetzt voll fokussiert meiner Rede widmen. Ohne Ablenkung.

„Papa, Telefon." Das kann doch nicht wahr sein.

„Paapaa, Teeleefoon!" Es ist mein Freund Matthias, den ich seit meiner Jugend kenne. Seit einem Jahr hat Matthias einen neuen Job. Er ist jetzt Pressesprecher und übergeordneter Leiter der Öffentlichkeitsarbeit aller Institute und Einrichtungen einer großen wissenschaftlichen Gesellschaft, zu der allein in Deutschland mehr als 74 Forschungsstellen gehören, hinzu kommen noch weltweite Außenstandorte, Allianzen und Partnerschaften. Es ist eine große Herausforderung, diese bunte Vielfalt mit einer Stimme zu vertreten. Mit seiner natürlichen Fröhlichkeit bekommt Matthias das aber sehr gut hin, auch wenn die vielen Gemüter und Befindlichkeiten unter der Oberfläche öfter mal überkochen. Sein Geheimrezept war schon immer ein sehr trockener und intelligenter Humor. Wie viele langweilige Partys hat er durch seine mitternächtliche Darbietung kompletter Loriot-Sketche schon legendär gemacht! Matthias kann man morgens um 4 Uhr wecken und fragen, was es bei den Hoppenstedts 1978 zu Weihnachten gab – und er zählt, ohne zu zögern, jede Kleinigkeit auf. Mir würde nur das Atomkraftwerk einfallen, und das auch nur, weil ich es schon so oft von Matthias gehört habe.

„Früher war mehr Lametta, oder?“, begrüße ich ihn.

„Guckst du gerade die Weihnachtsfolge von Vicco von Bülow?“, fragt Matthias verdutzt.

Ich erkläre ihm, dass ich gerade eine Humoranleitung schreibe und an Loriot denken musste, als ich sah, dass er anruft. Dann frage ich ihn, was er auf dem Herzen hat.

Matthias erklärt mir nochmal, wie wichtig die Tagung für ihn ist, die er zum Jahresende organisieren muss. Seine große Herausforderung ist es, einen Haufen ausgewählter Wissenschaftler darauf vorzubereiten, ihre aktuellen Projekte in einem kurzen Vortrag vorzustellen. Die Crux: Jeder hat dabei nur sieben Minuten Zeit. Das hatte zu wilden Diskussionen geführt, weil sich alle einig waren, dass die nicht reichen, um alle Fakten ordentlich vorzustellen.

„Die Fakten stehen alle im 400 Seiten starken Report, der zur Tagung verteilt wird“, erklärt mir Matthias, und dass er mit den Sieben-Minuten-Vorträgen für mehr Emotionen auf der Tagung sorgen will. Aus diesem Grund hat Matthias mich ins Boot geholt und damit beauftragt, die Gruppe in die Kunst der visuellen Rhetorik einzuführen.

„Es darf auch gerne mal gelacht werden", betont er mit ernster Stimme, genau so, wie es Loriot immer getan hat. „Schreibe also bis nächste Woche unbedingt deine Humoranleitung fertig und bring sie mit."

„Dann muss ich mich jetzt aber an die Arbeit machen."

„Mach das! Ich freue mich auf nächste Woche", verabschiedet sich Matthias.

Als Warm-Up für die Ideenfindung gucke ich mir ein paar Loriot-Videos an und versuche, das Prinzip hinter seinem Humor zu verstehen. „Das Bild hängt schief" ist ein wundervolles Beispiel für Slapstick. Der Sketch bringt mich immer noch zum Lachen, obwohl ich ihn schon so oft gesehen habe und genau weiß, was passiert. Die Schadenfreude bei der ungewollten Zerstörung des Wartezimmers spielt aber auch mit meiner Angst, selber mal in einer so peinlichen Situation die Kontrolle zu verlieren. Sein wahres und unverwechselbares Können entfaltet Vicco von Bülow indes, wenn er spricht. Er war ein Meister der humorvollen Worte und Dialoge. Oder besser gesagt, ein Meister der Missverständnisse innerhalb des Dialoges. Wie kein anderer hat er seine Protagonisten aneinander vorbeireden lassen. Manchmal unabsichtlich, meistens jedoch mit der vollen Absicht, weil jeder befürchtet, dass der andere ihn eigentlich nur mit seinen Fragen aufs Kreuz legen will.

„Humor durch bewusste Fehlinterpretation von Worten erzeugen", schreibe ich als ersten Punkt in meine Humoranleitung. Dann entdecke ich ein Interview mit Vicco von Bülow anlässlich seines 70. Geburtstags. Hellmuth Karasek stellt ihm Fragen zu seinem Lebensweg als Humorist.

„Ich meine, und das rate ich auch allen jungen Leuten, die eine ähnliche Karriere ergreifen wollen, einfach das zu machen, was ihnen Spaß macht. Wenn es einem selber richtig Spaß macht, sollte der Funke auch überspringen. Das funktioniert nicht immer."

„Das wollte ich gerade sagen", fällt ihm Hellmuth Karasek ins Wort. „Heere von Dilettanten bestätigen die Unrichtigkeit dieser These."

„Ich fürchte nur, dass diese überlegt haben, was dem Zuschauer gefällt, und dann in diese Richtung produziert haben", erwidert Vicco von Bülow auf den Einwand. „Das ist falsch. Man muss wirklich das machen, was einem selber gefällt. Was einem selber Spaß macht."

Mein Reden! Endlich habe ich einen berühmten und erfolgreichen Fürsprecher für meine Behauptung! Diese Aussage kommt auf jeden Fall in meine Rede. Ich kann nämlich dieses ewige „Du musst zuerst die Zielgruppe bestimmen!" nicht mehr hören.

Als ob Joanne K. Rowling je eine Zielgruppenanalyse gemacht hätte oder Picasso jemals irgendjemanden gefragt hat, was oder wie er malen soll. Gute Ideen entstehen aus der eigenen Freude und Begeisterung heraus. Davon war ich schon immer überzeugt. Ganz so einfach ist es natürlich nicht. Obwohl ich immer meiner Freude gefolgt bin, habe ich auch viele Niederlagen kassiert. Meistens jedoch, weil ich nicht konsequent drangeblieben bin, wenn die ersten Zweifel die Freude getrübt haben.

„Papa, Telefon." Was ist denn heute los, wundere ich mich, und drücke auf die grüne Taste. Es ist Thomas, ein guter Freund und Kollege. Wir haben vor einigen Jahren zusammen einen Design-Wettbewerb der Allianz deutscher Designer gewonnen, noch weit vor meiner Vorstandstätigkeit im Berufsverband der Designer. Thomas fragt mich, ob ich nächsten Monat mit zu einem Vortrag beim Marketing-Club kommen möchte. Der vielversprechende Titel lautet: „Stell dich quer, dann bist du wer."

Ich sage begeistert zu und bedanke mich, dass er an mich gedacht hat.

KAPITEL 16

Ich bin doch nicht im Kindergarten!

Seit zwei Stunden sitze ich jetzt im Zug und bereite mich auf die Rhetorik-Schulung mit den Wissenschaftlern vor. Als ich in den Kölner Hauptbahnhof einfahre, vibriert das Handy. „Es freuen sich schon alle auf den Workshop", schreibt Matthias über WhatsApp und schickt mit einem zwinkernden Smiley hinterher. „Herr Brummer ist gut drauf."

Wenig später im Taxi sind meine Gedanken bei diesem Herr Brummer. Dr. Wolf Brummer, um genau zu sein.

„Er ist der Chemiker in der Runde", hatte mich Matthias gewarnt. Doch nicht der Doktortitel lässt bei mir das Alarmglöckchen anspringen, sondern der Vorname. Da ist er wieder, der Wolf!

Ich habe immer noch nicht nachgelesen, wofür der eigentlich steht, und schreibe mir selbst eine E-Mail mit dem Betreff: „Im Buch der Symbole den Wolf nachschlagen."

An Matthias schreibe ich: „Bestell mir schon mal einen Cappuccino".

Als ich am Seminarhotel ankomme, empfängt mich Matthias schon vor dem Eingang, mit meinem bestellten Kaffee in der Hand. Wir machen es uns auf einer Parkbank gemütlich und gehen den Plan für den Workshop durch. Er bittet mich, nichts Persönliches zu erzählen, damit niemand merkt, dass wir uns schon so lange kennen. Die Compliancekultur im Institut sieht es nicht gerne, wenn man mit Freunden Geschäfte macht.

„Ich versuche, mich an die Regel zu halten", verspreche ich ihm, und kreuze sichtbar meine Finger. „Aber du weißt ja, Regeln einzuhalten gehört nicht zu meinen Stärken." Matthias kann nicht darüber lachen.

Pünktlich um neun Uhr stellt Matthias mich vor, und ich beginne mit einer kurzen Einführung in das Thema „Visuelle Rhetorik". Darin baue ich ein paar Ideen meiner Antrittsrede ein, um zu testen, wie sie ankommen.

„Nehmen Sie sich doch bitte jeder ein Blatt Papier, zeichnen oben ein Bild von Ernie und Bert und listen darunter auf, was typisch für die beiden ist", lade ich die Gruppe zu einer Aufwärmübung ein. Unbedacht gebe ich ihnen den Tipp, mal zu überlegen, ob sie typische Ernies oder typische Berts in ihrem Umfeld kennen. Zuerst geht ein Raunen durch den Raum, dann ein Kichern. Alle haben offensichtlich viel Freude bei der Vorstellung, wer wohl ein Ernie und wer ein Bert sein könnte. Alle? Einer nicht! Herr Brummer knallt demonstrativ seinen Bleistift auf den Tisch.

„Ich bin doch nicht im Kindergarten!", brüllt er. „So ein Quatsch! Ernie und Bert zeichnen! Das mache ich nicht!" Er verschränkt die Arme vor der Brust und wirft sich in seinem Stuhl nach hinten. „Ich soll hier lernen, wie ich in sieben Minuten einen Vortrag halten kann. Ich bin nicht hier, um mit diesem Kinderkram meine Zeit zu verplempern. Hätte mir das jemand vorher gesagt, wäre ich nicht gekommen."

Es herrscht eisige Stille im Raum. Mein erster Gedanke: Hoffentlich fängt jetzt keiner an zu lachen! Mein zweiter Gedanke: Ich muss in der hohen Frequenz der Freude bleiben, sonst geht die Stimmung für den Rest des Tages in den Keller. Mein dritter Gedanke: Freund oder Feind? Diese Einteilung schwingt beim ersten Eindruck immer mit. Besonders bei der Beurteilung von Menschen in einer exponierten Stellung. Ich bin gerade in einer exponierten Stellung und habe jetzt genau eine Chance, die Situation zu retten. Wir sind Freunde, Herr Brummer, denke ich. Egal, wie die Compliancekultur es finden wird: Wir sind dicke Freunde! Tief im Inneren weiß ich, dass da einfach nur ein ängstliches Kind vor mir sitzt und in den Arm genommen werden will.

„Sie haben völlig recht, Herr Brummer, wir sollten gleich anfangen. Der Tag ist für solche Spielereien zu kurz“, sage ich, und registriere die staunenden Gesichter. „Darf ich Sie fragen, was Sie in ihrer Freizeit begeistert?“

Herr Brummer guckt mich kritisch an, während seine Gesichtszüge schon mit der Kapitulation beginnen und weicher werden. Freund oder Feind? Gleich wird es sich entscheiden. Ich empfinde wahrhaftiges Wohlwollen für Wolf und gucke ihm freundlich in die Augen.

„Segelfliegen“, sagt er.

Freund!, triumphiere ich. Der Tag ist gerettet!

In meinen Gedanken umarme ich Herrn Brummer und frage mit liebevoller Neugier nach: „Was genau begeistert Sie am Segelfliegen?“

Herr Brummer holt aus. Er erzählt von der Freiheit des Fliegens. Von der Leichtigkeit und Stille dort oben in der Luft. Er erzählt, dass seine große Leidenschaft das Streckenfliegen sei, und er vor ein paar Jahren fast den Weltrekord über eine frei gewählte Strecke geknackt hätte, wenn er damals nicht 23 Kilometer vor dem Ziel hätte notlanden müssen. „Das war ganz schön knapp. Der Weltrekord lag bei 3.009 Kilometern Flugstrecke. Ich hatte schon fast die 3.000 Kilometer überschritten, als plötzlich aus dem Nichts heraus vor mir ein riesiger Wetterballon auftauchte. Ich hatte ihn nicht früher kommen sehen, weil mich die Sonne geblendet hat. Für ein seitliches Ausweichmanöver war es schon zu spät, und so habe ich versucht, unter ihm hindurchzufliegen. Leider habe ich dabei das Messinstrument des Ballons voll erwischt. Es war ein tierisch lauter Knall, und die Scheibe meines Cockpits ist in tausend kleine Scherben gesprungen. Ich hatte unzählige kleine Schnittwunden im Gesicht und bin heute noch meinem Schutzengel dankbar, dass er mich irgendwie heile zu Boden gebracht hat", gibt er als Fazit seines Vortrags zu.

Die anderen klatschen sich die Verblüffung vom Leib. Was für eine abgefahrene Geschichte!

„Wow!", sage ich. „Und wissen Sie was, Herr Brummer? Sie haben nur sechs Minuten und 40 Sekunden gebraucht, um uns alle vom Hocker zu hauen. Wenn ich gewusst hätte, was da aus Ihnen rauskommt, hätte ich mich vorher angeschnallt! Aber Spaß beiseite, wenn mir als Pilot mein Cockpit um die Ohren geflogen wäre, hätte ich mir vor Angst in die Hosen gemacht."

„Oh, das habe ich auch! Aber zum Glück tragen wir bei Langstreckenflügen grundsätzlich eine dicke Windel."

Das Eis ist gebrochen, in der Welt der Gefühle bricht wieder Frühling aus, und ich glaube, Herr Brummer kann bei der ganzen Anerkennung im Raum sogar ein paar Schmetterlinge im Bauch spüren.

„Ich hätte nicht gedacht, dass am Ende wirklich alle ein gutes Gerüst für ihren Vortrag fertig haben", sage ich zu Matthias, als wir nach dem Workshop auf der Terrasse des Hotels den Tag Revue passieren lassen. Ich denke an Carla, die junge Daten-Wissenschaftlerin, die anfangs so verzweifelt war, weil es in ihrem Projekt nichts zu sehen gab, und sie außerdem der Meinung war, als Zahlenmensch überhaupt nicht kreativ zu sein. Als wir dann aber über die emotionale Achterbahnfahrt in ihrem Projekt sprachen, leuchteten plötzlich ihre Augen auf. Sie erinnerte sich an das Kinderbuch *Heute bin ich*, das ihre Tochter so liebt, und in dem die niederländische Designerin Mies van Hout die unterschiedlichen Gefühle mit sehr ausdrucksstark illustrierten Fischen darstellt. So ist der Zorn zum Beispiel ein roter Fisch mit kräftigen, gezackten Strichen und spitzen Zähnen, während der betrübte Fisch ganz zurückhaltend in einem wässrigen Blau gezeichnet ist. Carla hatte sich dann für jede Phase des Projektes ein Gefühl und damit einen Fisch ausgesucht, und am Ende in ihren sieben Minuten fast alle zwanzig Fische untergebracht. Die Wirkung war großartig, der Beifall der Kollegen lang und laut.

„Nach Brummers Verweigerung ganz am Anfang des Workshops hätte ich nicht mal gedacht, dass wir überhaupt das Ende gemeinsam erleben“, holt mich Matthias aus meinen Gedanken zurück. „Ich musste mich so zusammenreißen, als er sagte, dass er nicht im Kindergarten sei und dann wie ein Fünfjähriger den Stift auf den Tisch geknallt hat. Ich hätte am liebsten laut losgelacht.“

„Zum Glück hat niemand gelacht“, sage ich. „Und zum Glück hat sich Herr Brummer auf meine Frage eingelassen.“

„Die Geschichte über das Segelfliegen war aber auch wirklich sensationell. Überhaupt fand ich es sehr spannend, welche Hobbys, Interessen und Vorlieben die Kollegen so haben. So eine Runde werde ich jetzt regelmäßig in die Meetings einbauen. Auch die *Braingrids* haben richtig Spaß gemacht. Hast du noch mehr davon?“

„Ja, habe ich. Ich schicke dir gerne die Anleitungen, wenn ich sie fertig habe“, antworte ich. Mir ist heute nämlich klar geworden, dass sie noch nicht ganz ausgereift sind.

Ich muss noch viel klarer werden, das haben mir die vielen Fragen gezeigt, die mir gestellt wurden, als ich die *Braingrids* verteilt und erklärt hatte. Darf ich im Internet suchen? Was mache ich, wenn alle Kästchen voll sind? Muss ich mich unbedingt an die Vorgabe halten? Ich habe an diesem Tag noch galant die Kurve gekriegt, in dem ich auf jede dieser Fragen mit einer Gegenfrage antwortete: „Wer fragt das jetzt: Ernie oder Bert?“ Jedes Mal war eine Erleichterung in ihren Blicken zu erkennen, als ob sie von mir die Erlaubnis bekommen hätten, für einen Moment ihre gute Erziehung vergessen zu dürfen. Ich genieße einen Schluck vom eiskalten Alster und atme ein paar Sonnenstrahlen ein.

„Ich musste übrigens sehr schmunzeln, als ich das erste Braingrid erklärt habe und Herr Brummer als einziger sein Lineal rausholte, um das Raster zu zeichnen,“ erinnere ich mich laut und lache.

„Ja“, sagt Matthias, „das war wieder so typisch Bert. Was macht eigentlich die Humoranleitung? Wolltest du sie nicht mitbringen?“

„Ja, wollte ich. Ich bin aber noch nicht zufrieden damit, sie ist mir noch viel zu ernst.“

Zurück am Kölner Hauptbahnhof habe ich noch etwas Zeit und gehe in eine Bahnhofsbuchhandlung, um mir für die Rückfahrt etwas zum Lesen zu holen.

Vor den Zeitschriftenregalen stelle ich fest, dass ich mir immer die gleichen Magazine kaufe. Heute durchbreche ich mal meine Gewohnheit, nehme ich mir vor. Heute hole ich mir eine Zeitschrift, die ich mir noch nie gekauft habe und normalerweise auch nie im Leben kaufen würde.

Neugierig gehen meine Blicke in den Regalen auf Entdeckungsreis. Verrückt, worüber es alles Zeitschriften gibt:

Jagen, Sammeln, Wandern, Wundern, Meditieren, Tätowieren... Ich erkenne darin eine bunte Vielfalt an Inspirationsquellen. Irgendwie viel cooler, als immer nur zu googeln, denke ich, dann gucke ich erschrocken auf die Uhr. Mein Zug fährt in wenigen Minuten. Ich muss mich schnell entscheiden und wähle die neue *P.M.* Ausgabe, ein Heft über japanische Popkultur und ein Magazin über den Wald.

In irgendeinem dieser Hefte ist auf irgendeiner Seite eine großartige Idee versteckt, denke ich, und nehme mir vor, sie in den nächsten zwei Stunden zu finden.

KAPITEL 17

Die Popcornmaschine steht im Keller.

Eine der genialsten Fähigkeiten des Gehirns ist es, Beziehungen herzustellen, wo vorher keine waren. Ich brauche nur irgendeinen beliebigen Gegenstand zu nehmen und mich zu fragen, was dieses Ding mit meinem Problem zu tun hat, und mein Verstand fängt sofort an, nach Antworten zu suchen. Er findet immer eine Antwort, einen Sinn, eine Interpretation oder eine Erklärung. Mal ist sie zutreffend und hilfreich, ein anderes Mal total abwegig oder manchmal auch einfach nur albern. Was auch immer mir in den Kopf schießt, es hat auf jeden Fall Potenzial, mich weiterzubringen, selbst wenn der Gedankenblitz auch nur für einen herzhaften Lacher sorgt, der mein System entspannt. Ich liebe es, meine Gedanken auf diese Art und Weise herauszufordern. Während viele meiner Design-Kollegen immer nur dort nach Inspirationen suchen, wo es offensichtlich ist, welche zu finden – wie bei Pinterest, Dribbble, Behance oder in aktuellen Büchern über Design, suche ich lieber in Bibliotheken, Antiquariaten oder Museen nach verborgenen Quellen. Zeitschriften, die ich mir normalerweise nicht kaufen würde, gehören seit gestern zu meiner Top Ten solcher „Hidden Places". Denn die drei Hefte, die ich mir für die Zugfahrt gekauft hatte, waren eine gute Investition.

Die Fotoserie über eine Manga-Ausstellung mit überdimensional großen Comicseiten hat mich sofort begeistert. Solch eine Ausstellung möchte ich auch gerne einmal kuratieren, nehme ich mir vor, und erweitere meine innere

Liste der tausend Ideen um einen weiteren Traum. Auch die Erlebnisse einer Waldführerin haben mich inspiriert, und ihre hautnahe Begegnung mit einem Wolf hat mich wieder daran erinnert, im Buch der Symbole endlich die Bedeutung des edlen Tieres nachzulesen. So richtig fasziniert aber hat mich meine Recherche zum *P.M.* Magazin. *Peter Moosleitners interessantes Magazin* war die ursprüngliche Idee hinter den zwei Buchstaben. Alles, was der Chefredakteur interessant fand, sollte im Heft erscheinen. Interessant für ihn war alles, was außergewöhnlich war: außergewöhnlich groß, alt, schön, schrecklich, gruselig oder rätselhaft. P.M. interessierte sich für alles, was früher besonders war, heute unser Leben verändert und morgen eine neue Zukunft für die Menschheit ermöglicht. Grundbedingung für jeden Bericht: Er sollte mit einer positiven Sicht auf die Dinge geschrieben werden. Besser kann man eine Sammlung von Inspirationsquellen für kreative Köpfe nicht beschreiben, finde ich, und nehme mir vor, dies auch in meinen Vortrag einzubauen.

Danke, Peter, denke ich und freue mich, wieder einen interessanten Baustein für meine Rede gefunden zu haben.

Auch hier hatte mich übrigens eine Randerscheinung gelenkt: Ich hatte gelesen, dass die Erstausgabe am 4. Oktober 1978 erschienen war – und der 4. Oktober 1978 war mein achter Geburtstag. Ich weiß noch genau, wie sehr ich mir damals den *Nite Jogger* von Adidas gewünscht hatte, den weißen Turnschuh aus Leder mit den knallorangenen Streifen und der leuchtenden, blauen Zwischensohle.

Bekommen habe ich stattdessen jedoch blaue No-Name-Turnschuhe mit weißen Streifen. Das Hauptproblem war aber noch nicht einmal die Farbe des Schuhs, sondern, dass ein Streifen darauf fehlte. Die Enttäuschung war genauso heftig wie die blöden Sprüche, die ich mir auf dem Schulhof anhören durfte. Ich hatte damals versucht, cool zu bleiben, und sie als die neuen *Naggasakis* mit der Floppy Soft Sohle angepriesen. Zumindest meinen Freunden gegenüber bin ich mit meinem Konter auf Augenhöhe geblieben. Mein Bedürfnis nach Design und Markenqualität hat damals jedoch einen tiefen Mangel erlitten. Vielleicht war genau dieses Erlebnis der Ursprung für meine Reise zum Experten für Design, Marken und außergewöhnliche Positionierungen? Außergewöhnliche Positionierungen... Genau das wollten meine Kunden auch immer von mir, und wenn ich dann meine außergewöhnlichen Ideen jenseits der Norm präsentierte, fehlte ihnen oft der Mut für alles – außer für das Gewöhnliche.

Das hat mich acht Jahre nach meiner Agenturgründung so frustriert, dass ich von heute auf morgen alles hinschmiss und mich auf die Suche nach wahrer Kreativität machte.

Die Suche dauert bis heute an, und in drei Monaten erwartet mich das nächste spannende Reiseziel. Darum wird es Zeit für eine kleine Inventur meiner Ideen für die Antrittsrede. Als Erstes wäre da mein Thema: Wahrnehmen und Annehmen bei der Ideenfindung. Dann habe ich noch Ernie und Bert als Testimonials, die *Braingrids* als Werkzeug, sowie Vicco von Bülow und Peter Mossleitner als Botschafter. Außerdem kann ich die Bedeutung von Randerscheinungen als lang gehütetes Geheimnis lüften. Ich bin sehr zufrieden mit meiner Inventur. Aus diesen Zutaten lässt sich doch eine gute Rede zaubern! Es fehlen nur noch ein paar Schmankerl.

Ich entschließe mich, meine über Jahre hinweg bewährte Aufmerksamkeitsübung mit der Cut-Up-Technik zu kreuzen und bin gespannt, was dabei herauskommt.

Für die Aufmerksamkeitsübung muss ich zunächst zur Ruhe kommen und schließe dafür meine Augen. Ich atme tief ein und aus und spüre an meinen Nasenflügeln den rhythmischen Luftzug. Meine Bauchdecke geht vor und zurück. Ich bemerke, dass mein Gürtel etwas zu eng sitzt, und lockere ihn. Ich atme aufmerksam weiter, bis ich das Gefühl habe, bereit für den Empfang zu sein. Dann öffne ich die Augen und sehe mich in der Außenwelt um. Welche drei Dinge fallen mir als Erstes auf? Ich sehe meine schneeweiße Kaffeemaschine, dann eine stylische Spülitube, die ebenso gut eine hippe Wasserflasche hätte sein können, und als drittes: mein Gewürzregal. Ich notiere die drei Dinge auf einen Zettel und beginne damit, jeweils sechs beschreibende Begriffe zu den Gegenständen zu finden. Scharf, orientalisch, sauber, seifig, ökologisch, Duft, Genuss, Geschmack, handlich, usw. Wohlriechend schreibe ich dreimal auf, da das für alle drei Dinge zutrifft. Jetzt kommt wieder David Bowie ins Spiel, und ich schneide alle 18 Worte einzeln aus. Ich mische die kleinen Zettel auf dem Tisch kreuz und quer durcheinander.

Das erinnert mich an einen Sketch mit Loriot.

„Hallo, spielen Sie Skat?“, fragen zwei Männer am Nachbartisch.

„Im Moment nicht“, antwortet Loriot.

„Uns fehlt nämlich der dritte Mann.“

„Ach was.“ Loriot setzt sich zu den beiden Männern, nimmt die Spielkarten und schiebt sie kreuz und quer auf dem ganzen Tisch durcheinander.

„Was machen Sie denn da?“, fragt einer der Herren leicht genervt.

„Nur auf diese Weise werden die Karten wirklich gemischt, damit man nicht immer dieselben bekommt.“

Genau das ist gerade auch meine Absicht: die Worte so zu mischen, dass ich nicht wieder dieselben bekomme. Dann ziehe ich immer zwei Zettel und bilde neun Paare. Mein Blick fällt auf den frisch gedruckten *Braingrids*-Block, und ich zeichne ein Raster mit neun gleich großen Feldern darauf. In jedes Feld schreibe ich nun ein Wortpaar. Bunt und seifig, orientalisch mit Geschmack, scharf und handlich, wohlriechend mit Genuss, ökologisch und wachsam, usw. Ich lasse alles einen Augenblick reifen und vertraue darauf, dass in einem der Felder gleich ein Schmankerl auftaucht.

Die erste Idee taucht bei „einfach mit Ritual" auf. Ich sehe eine Ernie-und-Bert-Münze vor mir: auf der einen Seite Ernie, auf der anderen Seite Bert. Ein kleines Ritual, mit dem man spielerisch das Universum um Rat fragen kann. Man muss dazu einfach nur die Münze in die Luft werfen und dann nur abwarten, wer einem antwortet: Ernie oder Bert. Die Idee gefällt mir so gut, dass ich gleich eine kleine Skizze in das Feld zeichne. Dann springt mir „bunt und seifig" ins Auge. Ich erinnere mich wieder an den Teddybären über dem Eingang des Spielzeuggeschäftes meiner Kindheit. Er hat pausenlos Seifenblasen gepustet, die man schon von weitem sehen konnte. Ich will eine Seifenblasenmaschine, kommt mir in den Sinn. Ich könnte damit während meines Vortrags demonstrieren, wie viele Ideen ich schon in meinem Leben hatte, und wie viele einfach so zerplatzt sind. Auch eine super Idee. Begeistert zeichne ich den Teddy mit seinen Seifenblasen in das Kästchen. Ich liebe mein Gehirn, lobe ich mich, es stellt immer eine Beziehung her, auch zu den abwegigsten Dingen. Es findet auch immer eine Erklärung dafür, warum ich jetzt gerade irgendeinen Blödsinn unbedingt brauche.

Darum kann ich mich auch nicht zurückhalten und suche im Netz nach Seifenblasenmaschinen. 34,90 Euro kostet der Testsieger der *Stiftung Warentest.* Ab in den Warenkorb, Bestellbutton drücken, noch kurz ein paar empfohlene Nebelmaschinen angucken und dann beglückt mit dem nächsten Wortpaar weitermachen: Wohlriechend mit Genuss. Yes, freue ich mich, ich habe einen Lauf! Euphorisch skizziere ich mit schnellen Strichen die Popcornmaschine aus meinem Lieblingskino in das leere Feld.

Voller Vorfreude schreibe ich Michael, dem ehemaligen Besitzer des Programmkinos meiner Jugend eine E-Mail und frage ihn, ob es die Maschine noch gibt.

„Papa, Telefon!" Es ist Thomas.

„Hallo Großer, wann wollen wir uns morgen treffen?", fragt er mich.

„Was ist morgen?", frage ich ihn.

„Der Vortrag beim Marketing-Club. Stell dich quer, dann bist Du wer. Hast du das etwa vergessen?"

„Nein, nein, nein", lege ich Widerspruch ein. „Ich lese nur gerade parallel eine E-Mail und war mit meinen Gedanken woanders, entschuldige bitte."

„Ach was", sagt Thomas etwas beleidigt. „Dann hoffe ich mal, dass es dringend ist."

„Nein, nein", antworte ich. „Es ist überhaupt nicht dringend."

„Nicht dringend? Dann ist es wichtig, ja?"

„Nein, auch nicht."

Für Thomas gab es immer nur die Einteilung in wichtig oder dringend. „Was war es denn dann?", will er wissen.

„Erfreulich", antworte ich, „sogar höchst erfreulich. Die Popkornmaschine steht im Keller."

„Ach was", antwortet Thomas

KAPITEL 18

Hast du übrigens den Penis gesehen?

Ich stehe hinter der Bühne und spüre ein leichtes Kribbeln in meinem Brustkorb. Es fühlt sich gut an: wie in meiner Kindheit, kurz vor der Bescherung. Ich atme tief ein und aus. Es duftet überall nach frischem Popcorn. Ich höre ein heiteres Gemurmel im Saal, dann meinen Namen. Von tobendem Applaus begleitet, betrete ich die Bühne und verneige mich. Aus brummenden und zischenden Fratzen ist ein fröhliches und begeistertes Publikum mit Popcorn geworden. Langsam wird es leiser und als es ganz still ist, beginne ich mit meiner Show. Als Höhepunkt schmeiße ich die Seifenblasenmaschine an, die den ganzen Raum mit bunt schimmernden Kugeln füllt. Mit Standing Ovations bedankt sich das Publikum, und einige stehen danach noch vor meiner Bühne Schlange, um sich von mir ihren Denkblock signieren zu lassen. Ich fühle mich erleichtert, erfüllt, dankbar.

Genau so wird es sein, visualisiere ich, und schreibe meine Vision in mein Notizbuch. Was soll jetzt noch schiefgehen? Das leichte Kribbeln in der Brust wird stärker. Jetzt fühlt es sich nicht mehr so gut an. Schiefgehen?, frage ich mich. Wieso sollte etwas schiefgehen? Wo kam denn jetzt dieser Impuls her? Es läuft doch alles bestens. Ich habe eine tolle Botschaft, einen roten Faden, super Metaphern, Geschenke und Popcorn. Wieso kann ich das nicht einfach mal feiern? Wieso taucht da jetzt mittendrin ein Zweifel auf und macht alles wieder kaputt?

Ich versuche mich wieder zu beruhigen und sage mir, dass ich es jetzt noch nicht wissen muss. Wenn es so weit ist, werde ich es schon erkennen. Ich darf heute meine Gelassenheit trainieren, motiviere ich mich und versuche, nicht schon bei dem ersten Gedanken an Entspannung zu verkrampfen. Was das Loslassen und Entspannen der Gedanken angeht, habe ich noch ein großes Lernfeld vor mir, und irgendwie fühle ich, dass heute ein Tag ist, an dem mich das Leben prüfen wird. Das ist auch gut so. Dann weiß ich wieder, wo ich stehe, und kann mir selbst einen aktuellen Lernentwicklungsbericht schreiben. „Stell dich quer, dann bist du wer", schießt es mir in den Kopf. Ja, natürlich, der Vortrag heute. Da wird irgendetwas passieren, ahne ich, und überlege kurz, ob ich Thomas absage. Doch wer ist der Referent überhaupt? Bisher kannte ich nur seinen Namen. Calvin Groß. So ein bekloppter Name – der kann doch gar nichts drauf haben, verurteilt meine Überheblichkeit schon vor dem ersten Suchergebnis. Dann gucke ich mir ein Video von ihm an. Es ist ein Ausschnitt aus einer Rede, in der er äußerst unterhaltsam den kulturellen Unterschied zwischen der deutschen und internationalen Fotografie darstellt. Allein der Vergleich des deutschen Begriffs „Sucher" mit dem englischen Ausdruck „Viewfinder" ist brillant: Der deutsche Fotograf sucht das richtige Motiv, der internationale will es finden – herrlich! In den wenigen Minuten, die das Video dauert, lache ich öfter herzhaft als die ganze letzte Woche. Ich sage also nicht ab und freue mich auf Calvin.

Um 17 Uhr fahre ich los. Vor einer roten Ampel fällt mir ein großer Transporter auf. Er ist so beklebt, dass es aussieht, als wäre der ganze Wagen aus Holz. Tischlermeister Rudolf hat alles richtig gemacht, denke ich. Doch dann lese ich seinen Slogan: „Ihr Experte für den Holzweg."

Ich muss schmunzeln und überlege, ob ich schnell ein Foto davon mache, um ihn in meinen Vortrag einzubauen. Und während ich darüber nachdenke, springt die Ampel auf grün um, und ich ärgere mich, dass ich zu lange nachgedacht habe. Thomas findet meine Idee nicht ganz so lustig wie ich, als ich ihm später von dem Holzweg und den lichten Momenten erzähle. Thomas ist zwar grundsätzlich sehr viel kritischer und ernster als ich, dennoch werde ich meine Idee überprüfen, schließlich möchte ich nicht zu den Menschen gehören, die alleine über ihre eigenen Witze lachen, erst recht nicht auf der Bühne.

Ich komme pünktlich im Kongresszentrum an und bin froh, dass ich wenigstens meinen schwarzen Rollkragenpulli angezogen habe. Um mich herum tragen die meisten Schlips und Kragen. Als Calvin auf die Bühne springt, hat er sein Laptop unter dem Arm und an der Stelle, wo man normalerweise das Firmenlogo des Herstellers sehen kann, klebt ein schwarzer Aufkleber mit einer Strichzeichnung, die aussieht wie ein niedlicher Penis mit Gesicht. Als er sein Laptop auf das Rednerpult stellt und den Bildschirm hochklappt, steht das Penis-Logo auf dem Kopf und hat sich durch den Perspektivwechsel in einen niedlichen Koch mit Mütze verwandelt. Alle, die diese Randerscheinung entdeckt haben, werden sie innerlich feiern, denke ich.

Calvin entpuppt sich als ein Meister darin, das Publikum zum Lachen zu bringen. Seine Anekdoten aus der Welt der Werbung und Fotografie zünden eine Lachsalve nach der anderen ab. Er ist aber nicht nur extrem witzig, sondern gibt seinem Publikum auch einen guten Einblick in das unvernünftige Leben eines Kreativen.

Gelernt habe ich noch nichts, aber mit seiner Sicht auf die Welt kann ich mich hervorragend identifizieren.

„Meine Aufmerksamkeit muss höher sein als mein Fokus“, beschreibt Calvin sein Erfolgsrezept für die ungewöhnlichen Fotos, die auf der Leinwand zu sehen sind. Bei dem Wort Aufmerksamkeit bewegt er seine Hände weit auseinander und öffnet damit symbolisch einen großen Raum. Bei dem Begriff „Fokus“ gehen seine Arme wieder zusammen, bis sich die Handflächen fast berühren. Der Raum ist wieder eng. Eine schöne Geste, die ich mir merken werde. Dann wird es plötzlich sehr spirituell. Er sagt, dass jedes Motiv nur eine Reflektion von Licht sei und er die Gabe bekommen habe, den richtigen Moment der Belichtung zu erkennen. Dann sagt er, dass er selber ebenfalls nur eine Reflektion von Licht sei, die bei der Geburt durch den richtigen Moment der Belichtung seine Gabe bekommen hat. Wow, denke ich, wie mutig, diese abgefahrene These in dieser Runde so ganz ohne Deckung abzufeuern. Ich gucke mich um und habe den Eindruck, dass der kollektiven Logik im Raum schwindelig wird. Bei einigen Besuchern habe ich sogar Sorge, dass sie einfach umkippen, weil ihr Verstand beim Einordnen der gerade gehörten Worte keine Schublade findet, an der er sich festhalten kann.

Dann zeigt Calvin ein Foto aus der aktuellen Porsche-Kampagne und erklärt, wie er es geschafft hat, die außergewöhnlichen Reflektionen auf die Oberflächen des Autos zu zaubern. *Porsche,* sehe ich in den erleichterten Gedankenblasen der Besucher. Der kollektive Verstand hat eine Schublade für die Glaubwürdigkeit gefunden. Wer Porsche als Kunden hat, der kann kein esoterischer Spinner sein.

Den Rest des Vortrags bekomme ich leider nicht mehr richtig mit, weil ich darüber nachdenke, wie er es wohl gemeint hat, dass er bei seiner Geburt belichtet wurde. Bisher wusste ich nur, dass man unterbelichtet sein kann.

Der tosende Applaus holt mich zurück ins Hier und Jetzt, und ich klatsche mit. Ein geiler Vortrag. Aber was hatte es denn nun mit meinem unguten Gefühl von heute Morgen auf sich? Kein einziger Zweifel weit und breit. Ganz im Gegenteil. Ich bin voll inspiriert und motiviert.

Der Moderator des Marketing Clubs kommt auf die Bühne und bedankt sich bei Calvin Groß.

„Sie haben uns ja sehr schön gezeigt, wie wichtig es ist, jeden Tag querzudenken. Wann haben Sie denn heute schon quergestellt?"

„Ich, äh, äh, äh ...", Calvin Groß stottert.

„Sie haben gesagt, dass man ständig seine Routinen aufbrechen muss und experimentieren soll", hakt der Moderator freundlich nach. „Welches Experiment haben Sie heute mit uns gemacht?"

Oh je! Jetzt habe ich Sorgen, dass Calvin einfach umkippt. Seine Augäpfel gucken nach oben und wandern aufgeregt hin und her.

„Äh, äh" Panisch sucht er nach einer Antwort. Aber weder rechts, noch links entdeckt er etwas.

„Mist", sagt er schließlich. „Sie haben mich erwischt. Ich habe heute nichts Neues gemacht", gibt er ehrlich zu.

Es folgt ein kurzer und belangloser Small Talk. Dann bedankt sich Calvin zuerst beim Moderator für diese Lektion und danach beim Publikum für den schönen Abend.

„So ein Arsch", flüstert Thomas mir ins Ohr.

„Wer? Calvin?", frage ich ungläubig nach.

„Nein, der Meyer-Albrecht, der Moderator. Das macht er immer so. Der weiß genau, wie er die Referenten am Ende ins Messer laufen lassen kann. Er war mal ein hohes Tier bei der Polizei. Bestimmt ein Spezialist in Verhörtechniken."

„So ein Arsch“, stimme ich Thomas zu. „Ich fand den Vortrag richtig gut. Ein wahres Feuerwerk der Inspirationen und so ein tolles Plädoyer für kreatives Denken! Aber in ein paar Jahren werden sich dank Meyer-Albrecht die meisten Zuhörer nur noch an die peinliche Denkblockade erinnern. Wie schade.“

Zum Ausklang des schönen Abends setze ich mich mit Thomas noch in die Kulturlounge. Ich will ihm von meiner Antrittsrede erzählen, doch kaum habe ich den Titel – *Vom Wahrnehmen und Annehmen bei der Ideenfindung* – gesagt, unterbricht er mich: „Ah! Wie die Antrittsrede von Kurt Weidemann! Coole Idee.“

Entgeistert starre ich ihn an. „Wie meinst du das? Was hat Kurt Weidemann damit zu tun?“

„Ich meine seine legendäre Antrittsvorlesung an der Akademie in Stuttgart. 1964 war das, glaube ich. Ich habe ein Buch dazu. *Wahrnehmen und Ideen finden*, heißt es. Es soll doch eine Hommage an ihn sein, oder etwa nicht?“

„Nein, soll es nicht“, sage ich bockig und höre wieder die zischende und brummende Meute. Die Fratzen sind wieder da. Sie reißen sich die Klamotte vom Leib und bewerfen mich mit ihrem Popcorn. Dann grölen sie alle zusammen den Prinzen-Song aus den Neunzigern: „Das ist alles nur geklaut. Eo, eo. Das ist alles gar nicht meine.“

Das ungute Gefühl von heute Morgen verwandelt sich in eine deutlich spürbare Übelkeit. Mir wird schlecht und leise sage ich zu Thomas: „Ich möchte jetzt gerne nach Hause.“

„Ok“, sagt Thomas. „Hast du übrigens den Penis gesehen?“

KAPITEL 19

Hey, Baby, ich glaube, ich bin wütend.

„Guten Morgen, Babe." Alice weckt mich mit einem duftenden Kaffee in der Hand. „Wie war es gestern?"

„Eine Katastrophe. Eine totale Katastrophe!", stöhne ich und ziehe mir das Kissen über den Kopf. „Meinen Vortrag gibt es schon!"

„Oh, hat dieser Calvin gestern auch von Ernie und Bert erzählt?"

„Nein, nicht Calvin. Kurt. Kurt Weidemann, und das schon im Jahre 1964."

„Aber da gab es Ernie und Bert doch noch gar nicht. Die kamen doch erst in den Siebzigern auf den Bildschirm."

„Was hast du immer mit Ernie und Bert?", raunze ich Alice an. „Es geht doch gar nicht um Ernie und Bert. Es geht um meine Antrittsrede!"

Wortlos dreht sich Alice um und geht aus dem Zimmer – mit meinem Kaffee in der Hand.

„Es tut mir leid!", rufe ich und springe aus dem Bett. „Ich stehe noch unter Schock. Meine ganze Arbeit ist umsonst. Ich fange wieder bei Null an. Hier, das ist das Buch von Kurt Weidemann." Ich halte ihr das Buch, das mir Thomas gestern noch ausgeliehen hat, hin und tippe auf das Cover. „Es hat fast den gleichen Titel wie meine Rede!"

„Und da steht etwas von Ernie und Bert drin?", fragt sie, und dreht mir dabei den Rücken zu.

„Jetzt hör doch mal mit Ernie und Bert auf. Nein, natürlich steht da nichts von den beiden drin", sage ich genervt.

„Was steht denn dann drin?"

„Das weiß ich doch nicht, ich habe es noch nicht gelesen."

Alice guckt mich an, und ich sehe an ihren Gesichtszügen, wie sich ihre Energie kurz in Wut bündelt, sich dann aber sogleich in Gelassenheit entspannt. Dieser kurze Moment geballter Wutenergie reicht aus, um mir vor Augen zu führen, was für einen Blödsinn ich da rede. Ich will als Experte über den Unterschied von Wahrnehmen und Annehmen reden und tappe selbst wie ein Grünschnabel bei der erstbesten stressigen Situation in die Annahmefalle.

„Du hast recht, ich werde es erst einmal lesen", sagte ich reumütig, werfe das Buch auf das Bett und nehme Alice in den Arm.

„Soll ich dir eine Essenz raussuchen?", fragt sie versöhnlich, und ich nicke dankbar.

Alice verschwindet in ihr Labor und kommt wenig später freudestrahlend mit einem Flakon wieder. Sie hat die Flasche mit der *Ruhe* in der Hand und erzählt, dass sie die am Abend zuvor erst hergestellt hat. Dann sprüht sie mich mit der Essenz ein, und ich ziehe den Duft tief in die Nase. Die Ruhe habe ich schon lange nicht mehr eingeatmet. Wie gut sie tut. Ich nehme Alice noch einmal in den Arm, küsse sie und sage: „Danke. Es geht mir schon viel besser."

Erst jetzt fällt mir das schöne Wetter auf. Ich nehme den mit Liebe gemachten Kaffee, die mit Liebe hergestellte Essenz, das sicher in Liebe geschriebene Buch von Kurt Weidemann und setze mich damit draußen auf unsere Liege. Nur, wenn man sich wohl fühlt, ist man offen für Neues – mit dieser Botschaft beginne ich stets meine Workshops und sorge mit einer inspirierenden Umgebung, leckeren Snacks und einem wohlriechendem Raumduft dafür, dass sich alle entspannen, um sich besser auf neue Ideen einlassen zu können. Genau das habe ich jetzt mal mit mir vor: mich wohlfühlen und für Neues öffnen. So richtig entspannen kann ich aber noch nicht und helfe mit einem Sprühstoß Ruhe nach.

„In der Ruhe liegt die Kraft“, heißt es. „Ruheorte“, assoziiere ich. „Kraftorte“, formulieren meine Gedanken weiter. Welche Orte der Ruhe geben mir Kraft? An welchen Orten der Ruhe habe ich die besten Ideen? Ich beginne einen inneren Dialog. Beim Spaziergang im Wald, fällt mir als Erstes ein. Beim Spaziergang am Deich, empfange ich als zweites Bild, mit Blick auf das Meer. Ich schaue mich in Gedanken um. Die Sonne geht gerade auf, und ich spüre, wie die Luft langsam wärmer wird. Ich schließe meine Augen und gebe mich meinen inneren Bildern voll und ganz hin. Jetzt geht die Sonne wieder unter, und die ersten Sterne funkeln am Himmel – wundervoll. Das Umgebungslicht am Deich ist mir noch viel zu hell, und darum stelle ich mir vor, wie ich mitten auf dem Meer bin. Weit und breit nichts. Kein Land. Kein Licht. Nur ich, mein Paddelboot und die Sterne. Was für ein Bild. So unfassbar viele Sterne. Noch nie habe ich die Milchstraße so leuchten sehen. Mitten auf dem Meer muss der Sternenhimmel atemberaubend schön sein. Bisher habe ich immer nur von anderen davon gehört. Irgendwann will ich das selbst erleben. Plötzlich sitzt Erik mir in meinem Paddelboot gegenüber. Völlig entspannt bewundern wir beide den Sternenhimmel und genießen die Ruhe des windstillen Meeres.

Erik. In der Schulzeit war er ein ziemlicher Chaot. Sehr gut aussehend und charismatisch, aber ein Chaot. Mit viel Glück und Wohlwollen der Lehrer hat er sein Abitur geschafft, und keiner in unserem Freundeskreis hätte jemals darauf gewettet, dass er von uns allen die steilste Karriere hinlegt. Jetzt ist er dabei, sich seinen langersehnten Traum zu erfüllen. Er hat sich ein 13 Meter langes Segelschiff gekauft und bereitet sich seit einem halben Jahr auf eine Weltumsegelung vor. Ich nehme mein Handy und wähle seine Nummer.

„Moin", meldet er sich. Ich höre ein Hämmern und Sägen im Hintergrund.

„Bist du bei deiner Dulcibella?", frage ich.

„Ja, wir bauen gerade den neuen Motor ein", ruft Erik gegen den Lärm an.

„Ist der Sternenhimmel auf See wirklich so schön, wie alle sagen?", frage ich ihn.

„Ja klar", brüllt er. „Aber davon überzeugst du dich am besten selber. In zwei Wochen bin ich hier fertig, dann fahre ich raus. Mano und Matthias wollen auch mit. Nur übers Wochenende. Vielleicht nach Helgoland. Ein wenig Whisky einkaufen. Wie wäre es, bist du dabei?"

„Ja klar, gerne!", rufe ich begeistert. „Vier Männer und das Meer. Wir könnten dann doch mal wieder eine Runde Pokern, oder?"

„Gute Idee. Ich melde mich."

Voller Vorfreude auf das Segelwochenende genieße ich wieder die Ruhe und spüre neue Kraft in mir aufsteigen. Nur, wenn ich mich wohl fühle, bin ich offen für Neues, wiederhole ich meinen Leitsatz in Gedanken. Ich fühle mich jetzt zwar schon viel wohler, entscheide mich aber dafür, meine Unruhe nicht einfach zu überspielen, sondern ihr auf den Grund zu gehen. Warum haben mich die Worte von Thomas gestern Abend eigentlich so aus der Bahn geworfen? Er hat mich doch nur darüber informiert, dass Kurt Weidemann eine Rede mit dem Titel „Wahrnehmen und Ideen finden" gehalten hat. Ich hätte ihm für diese Inspiration genauso gut dankbar sein können. Aber statt Dankbarkeit fühlte ich... Meine Gedanken geraten ins Stocken. Ja, was genau habe ich eigentlich empfunden? War es Angst? War es Scham? Dann erkenne ich: Wut! Ich glaube, es war Wut!

Das wundert mich. Ich bin doch nie wütend! Ich hasse es, wenn wütende Menschen die Selbstbeherrschung verlieren, und ich hasse es ebenso bei mir selbst, wenn ich die Kontrolle über mich verliere. Darum trinke ich auch nie Alkohol. Ich erschrecke: Bin ich etwa ein Kontrollfreak? Was für ein schrecklicher Gedanke. Ich sehe mich selbst doch eher als fröhlichen Ernie. Doch jetzt erkenne ich den Bert in mir. Und er scheint sehr mächtig zu sein. Ich muss unbedingt wieder Augenhöhe herstellen! Vielleicht sollte ich damit aufhören, die Wut als Charakterschwäche zu sehen. Ich brauche einen neuen Blick auf diese Energie.

Zum Glück habe ich eine Wut-Expertin an meiner Seite. Alice kann richtig wütend werden, besonders dann, wenn jemand ein falsches Spiel mit ihr spielt. Dann nutzt sie ihre Wut-Energie auf beeindruckende Art und Weise, um sich zu fokussieren und mit messerscharfen Worten die vorgetragene Täuschung zu filetieren. Schicht für Schicht deckt sie dann die wahre Absicht des anderen auf. Ich spaziere in ihr Labor und sage: „Hey, Baby, ich glaube, ich bin wütend."

Alice guckt mich an und kann sich ein Lachen nicht verkneifen. „Wie kann man denn glauben, dass man wütend ist? Also, ich merke das sofort."

„Wenn du wütend bist, merke ich das auch sofort. Jeder im Raum merkt es. Du lässt sie ja auch raus. Ich schlucke die Wut irgendwie runter."

„Igitt." Alice verzieht das Gesicht. „Das muss ja fürchterlich schmecken. Wenn ich mir vorstelle, ich würde alle

Kränkungen, Missachtungen und Ungerechtigkeiten jedes Mal runterschlucken, wird mir ganz schlecht."

„Mir wird ja auch immer schlecht."

„Na, dann kotze dich doch einfach aus. Das ist von der Natur so vorgesehen. Auf wen bist du denn wütend?"

Ja, auf wen bin ich eigentlich wütend?

„Wahrscheinlich bin ich auf mich selbst wütend", sage ich, „darauf, dass ich wieder einmal versagt habe. Dass andere besser sind, schneller, erfolgreicher, mehr geliebt werden."

Ich fühle die ganze Minderwertigkeit, die sich tief in mir angesammelt hat. Dann sehe ich mich plötzlich aus der Schule kommen. Ich schäme mich, weil ich eine Fünf in Englisch geschrieben habe. Meine Mutter ist enttäuscht und fragt mich: „Und was haben die anderen?" Die anderen waren immer besser. Ich war meistens der einzige mit einer Fünf. Es fällt mir schwer, die Tränen zu unterdrücken.

„Hey, Baby, diese Gefühle sind wichtig", sagt Alice liebevoll. „Sie helfen dir dabei, dich zu entwickeln. Traurigkeit zuzulassen ist zum Beispiel wichtig für die Heilung, und deine Wut ist wichtig, um ins Handeln zu kommen. In der richtigen Dosis ist Wut etwas Wundervolles. Sie hilft dir dabei, dich und deine Ideen zu behaupten, deine Interessen zu vertreten, wichtige Entscheidungen zu treffen und vor allem: Grenzen zu setzen. Du musst es nicht immer allen Recht machen", sagt sie und zwinkert mir zu. „Auch mir nicht."

KAPITEL 20

Für mich sind sie Tore in eine verborgene Welt.

Ich nehme mir vor, das Thema Wut später noch zu vertiefen. Doch für den Moment will ich die Ruhe genießen. Mit einem frischen Kaffee setze ich mich wieder in die Sonne und blättere das Buch von Kurt Weidemann durch.

„Die Kreativität, der schöpferische Einfall, beruht oft auf der Herstellung von vorher nicht zusammenhängenden Bezügen", lese ich auf Seite 100. Damit bestätigt Kurt meinen kreativen Prozess, den ich jetzt noch einmal zur Bekräftigung in meinem Notizheft festhalte. Erstens: Die vorhandene Norm definieren. Zweitens: Das Ganze in Einzelteile zerlegen. Drittens: Etwas Fremdes hinzufügen. Viertens: Neue Beziehungen entdecken. Fünftens...

„Paaapa, Teleeefoon." Jetzt ist es wirklich meine Tochter.

„Hallo Papa, ich habe tolle Neuigkeiten. Wir können am Wochenende wieder Smolik gucken. Wie früher. Ich habe gerade entdeckt, dass es auf Netflix eine neue Mini-Serie gibt. *Ruhrpott Undercover* heißt sie, und Michael Smolik spielt die Hauptrolle. Er ermittelt verdeckt in einem Boxring. Can Yildiz und Bora Aksu sind auch mit dabei. Das wird bestimmt spannend."

„Das gucken wir, und wir machen es uns richtig gemütlich dabei. Mit frischem Popcorn. Wie früher!", sage ich. „Ich freue mich schon aufs Wochenende!"

„Ich mich auch", sagt Ebba. „Bringst du bitte deine Wahrsagerkarten mit? Ich muss sie etwas fragen."

„Klar, mache ich."

Seitdem ich ihr bei ihrem letzen Liebeskummer die Karten mit meinem selbst entwickelten Set gelegt und anhand der Bilder gecoacht habe, liebt sie das Kartenlegen. Ich kann das gut verstehen, denn auch mir haben sie schon in schwierigen Situationen geholfen. Das erste Mal hat mir Egor die Karten mit einem Tarotset von Aleister Crowley gelegt. Egor war ein russischer Arzt und tief in seiner Seele ein verrückter Künstler. Während meines Lehramtstudiums teilte ich mir mit ihm ein Atelier. Ich war damals sehr unglücklich mit meiner beruflichen Aussicht. Die Vorstellung, Berufsschullehrer für Maler und Lackierer zu werden, fühlte sich nicht richtig an und ich hatte mir an diesem Abend die Frage gestellt, ob ich wieder einmal alles hinwerfen sollte, um mich dann an der Kunsthochschule zu bewerben. Egor zückte die Karten hervor und führte mich in die Kunst des Kartenlegens ein. Seitdem ist meine Faszination für die Karten ungebrochen. Jedesmal, wenn ich tiefer in die Bedeutungen eintauche, entdecke ich etwas Neues. Für mich sind sie Tore in eine verborgene Welt, die für meinen Verstand unter normalen Umständen unsichtbar ist. In meinen Workshops habe ich viel mit den Bildkarten experimentiert. Anfangs noch mit den Originalkarten nach Marie Anne Lenormand. Doch der biedermeierliche Stil der Illustrationen führte bei vielen dazu, dass sie die Karten gleich als esoterischen Quatsch abtaten. Ich bin dann auf die Idee gekommen, es mit modernen Fotografien zu versuchen und mir ein eigenes Kartendeck zu entwerfen. Die Symbole sind gleich, die Akzeptanz bei den Teilnehmern jedoch eine völlig andere. Jetzt sind alle begeistert und freuen sich, wenn sie das Kartendeck am Ende sogar behalten dürfen. Das ist dann auch immer der Zeitpunkt, an dem ich ihnen erzähle, dass es sich eigentlich um uralte Wahrsagerkarten handelt.

Auf meinen Karten sieht man aber nicht nur ein Bild: Für jede Rückseite habe ich ein berühmtes Zitat gefunden, welches einen Hinweis auf die verborgene Bedeutung der Karte gibt. Damit habe ich die Karten um eine sprachliche Ebene erweitert.

Wenn ich jetzt über die Bild- und die Textseite nachdenke, wird mir klar, dass ich die Karten damals schon so entwickelt habe, dass Ernie und Bert auf Augenhöhe damit spielen können. „Spielen", denke ich, und dann kommt mir das Wort „Karten" in den Sinn. Ich sehe mich plötzlich mit meiner Tochter Ebba gemütlich vorm Fernseher Popcorn futtern. Es läuft die Serie mit Michael Smolik. „Boxen" kommt mir in den Sinn, und dann macht es klick – eine neue Beziehung ist hergestellt. Ich renne ins Haus und hoffe, dass ich meine Idee solange im Kopf behalten kann, bis ich meinen *Braingrids*-Zettel mit dem morphologischen Kasten zu den Brettspielen gefunden habe. Ein ganzer Stapel mit losen Zetteln hat sich mittlerweile auf meinem Schreibtisch angesammelt. Ziemlich weit unten ziehe ich dann das bereits angefangene Raster mit den Ideen zu einem Gesellschaftsspiel heraus und trage „Boxen" in das letzte freie Feld ein. Das gefällt mir: Vor mir liegt schwarz auf weiß die Idee für ein kleines, aber feines Gesellschaftsspiel. Ein Zwei-Personen-Deckbuilding-Kartenboxspiel mit Bluff-Mechanik. Sofort mache ich ein paar Skizzen von den ersten Regeln, die Bert mir ins Ohr flüstert, und dem Design der Karten, das Ernie mir gleichzeitig im Schnelldurchlauf vor meinem inneren Auge präsentiert. Vielleicht schaffe ich es ja schon bis zum Segeltörn, einen spielbaren Prototypen herzustellen. Schließlich habe ich drei Experten an Bord: Erik hat sich früher ständig geprügelt, Matthias war mal riesengroßer Boxfan und Mano hat selber lange Kickboxen trainiert. Ich würde mich jetzt liebend gerne auf das Weiterspinnen meiner Spielidee stürzen, aber ich weiß genau, dass ich nie etwas fertig bekomme, wenn ich mich jeder interessanten Ablenkung sofort hingebe. Also schreibe ich das Projekt „Boxspiel" in meine To-Do-Liste und gebe der Idee noch ausreichend Zeit, in mir zu reifen.

Jetzt kann ich mich wieder in Ruhe meinem Vortrag widmen. Ich brauche also eine neue Idee. Genauer gesagt: Ich brauche einen neuen Aufhänger, der gut zu meinen bisherigen Ideen passt. Vielleicht sollte ich eine Runde Rasenmähen? Ich schaue aus dem Fenster. Mist, es fängt gleich an zu regnen. Ich eile raus, um die Gartenmöbel vor dem Schauer zu schützen.

Zurück im Haus suche ich meine Orakelkarten. Kreativität à la Karte ist das Motto meiner Orakelei, und ich bin mal gespannt, was sie mir heute offenbaren wird. Ich mische die Karten gut durch und ziehe dann sieben von ihnen, die ich offen vor mir auf den Tisch lege. Ich sehe das Haus, den Turm, die Herzen, den Bären, die Blumen, den Storch und die Mäuse. Ohne eine konkrete Aufgabe im Kopf sind es einfach nur irgendwelche Bilder, die nicht gerade vor Inspirationen strotzen. Mit der Frage „Was ist der neue Aufhänger für meine Rede?" fängt mein Verstand jedoch sofort an, nach einer Antwort zu suchen. Karte für Karte gehe ich die Bedeutungen der Symbole durch. Dann beginnt mein Gehirn, Beziehungen herzustellen. Nach fünf Minuten habe ich Klarheit. In meinem Vortrag soll es um mich persönlich gehen. Ich soll von den Dingen erzählen, die ein Leben lang an mir genagt haben und davon, wie ich immer meinem Herzen gefolgt bin. Im Mittelpunkt steht meine Ruhe und Gemütlichkeit, die mir in so vielen Momenten die nötige Kraft für alles gegeben hat. Am Ende überreiche ich dann einen bunten Blumenstrauß an Tipps, Tricks und Tools für die eigene kreative Reise. Ich liebe die Weisheit der Karten. Sie haben immer Recht, da bin ich mir sicher. Die Kunst ist lediglich, die Wahrheit zu erkennen, und dazu muss man wahrnehmen und nicht nur annehmen. Doch mit der Zeit wird das Wahrnehmen, und damit auch das Wahrsagen, immer einfacher und klarer, stelle ich zufrieden fest und mische die restlichen Karten erneut. Ich habe Lust auf eine weitere Ziehung.

Jetzt ziehe ich aber nur eine verdeckte Karte. Das Bild auf der anderen Seite soll mein Verbündeter sein und mir dabei helfen, eine gute Antrittsrede zu halten.

Ich fächere die Karten auf und ziehe blind eine heraus. Aufgeregt öffne ich die Augen wieder, und als ich sehe, welche Karte ich da zwischen Daumen und Zeigefinger festhalte, fließt Erleichterung durch meinen rechten Arm, dann mitten durch mein Herz und erwärmt von dort aus meinen ganzen Körper. Ich halte die Karte Nummer 13 in der Hand. Das Kind. Symbol für den Neuanfang, die Unschuld und die Neugier. Das dazugehörige Zitat auf der Rückseite ist von Galileo Galilei: „Die Neugier steht immer an erster Stelle des Problems, das gelöst werden will." Ich werde bei meinem Neuanfang also besonders neugierig meine Unschuld erforschen. Neugierig schaue ich mir auch noch mal die sieben Karten an, die ich als Erstes gezogen habe. Vielleicht entdecke ich ja noch eine Randerscheinung, der ich eine Bedeutung geben kann. Mir fallen die Blumen und die Herzen auf. Gute Idee!, bedanke ich mich bei der Orakelei.

Ich ziehe meine Jacke an, greife zum Autoschlüssel und fahre in die Stadt. In der neuen Blumenboutique suche ich einen schönen Strauß mit passender Vase aus. Ich freue mich, dass einige der extravaganten Blumen roségold zu schimmern scheinen. Der Strauß wird Alice gefallen. Im Parkhaus fällt mir ein pinker Lieferwagen auf.

„Alles für die Katz", steht in großen Buchstaben darauf und darunter: „Gabis Kratzbaum-Manufaktur". Diese Redewendung finde ich an dieser Stelle gar nicht mal so schlecht.

KAPITEL 21

Ernsthaft?

Es ist Papa-Wochenende. Da mein Sohn noch mit seinen Jungs den Keller ausbaut, hat er entschieden in Hamburg, zu bleiben, so dass ich meine ganze Aufmerksamkeit meiner Tochter widmen kann. Das wird ihr gefallen. Schließlich haben wir uns auch einiges vorgenommen. Erstens: die neue Serie mit Smolik gucken. Zweitens: Karten legen. Mist, schießt es mir in den Kopf. Ich habe die Karten vergessen! Drittens, füge ich spontan hinzu: eigene Orakelkarten basteln.

Ich muss nicht mal einen Parkplatz suchen, denn Ebba steht schon mit gepacktem Koffer vor der Tür. Wir fahren in mein Elternhaus, wo ich mir eine schöne Ferienwohnung eingerichtet habe.

Als wir alles ausgepackt haben, machen wir es uns mit Popcorn vorm Fernseher gemütlich und gucken *Ruhrpott Undercover*. Nach zwei Folgen fragt sie mich, ob wir jetzt die Karten legen können.

„Es tut mir wirklich leid, aber ich habe die Karten vergessen“, beichte ich und bekomme eine volle Ladung Wut ab.

„Ich habe aber eine richtig gute Idee, wie wir trotzdem die Karten befragen können“, versuche ich, sie zu beschwichtigen. „Wir bauen uns ein eigenes Kartenset. Du wirst sehen, das wird viel Spaß machen und genauso gut funktionieren. Vielleicht sogar besser.“

„Das glaube ich nicht“, sagt sie sauer.

„Doch, es funktioniert immer. Es ist nämlich vollkommen egal, welche Bilder du nimmst. Komm, ich zeige es dir.“

Wir gehen in mein altes Kinderzimmer, wo ein paar Kartons mit Spielsachen von ihr lagern. Gleich im ersten Karton werde ich fündig. *Was will ich werden? Das pfiffige Legespiel der Berufe,* heißt das Memory-Spiel, das wir mal auf einem Flohmarkt gekauft haben. Ich breite ein paar Karten auf dem Boden vor mir aus und erschrecke. Oh je, aus welchem Jahrhundert sind die denn? Ich sehe diverse Männer, wie einen Zahnarzt, einen Maurer, einen Koch oder einen Fotografen und nur sehr wenige Frauen, die natürlich als Krankenschwester, Sekretärin oder Verkäuferin dargestellt sind. Außerdem sind alle weiß, als gäbe es keine anderen Hautfarben. Ich verorte das Memory in den frühen Achtzigern und stutze, als ich in der Anleitung lese, dass es 1997 erschien.

„Ist das aus dem letzten Jahrtausend?", fragt Ebba und tippt auf die Karte mit dem Fotografen. „Was ist das denn da für eine komische Kamera?"

„Das ist eine Mittelformat-Kamera, die auf richtigen Film belichtet."

„Ah, wie die Lochkamera, die wir mal gebaut haben?"

„Im Prinzip schon, bei der Lochkamera haben wir nur schon direkt auf das Fotopapier belichtet. Bei dieser Kamera wird vorher noch ein Film belichtet."

„Und was soll das da sein?" Sie tippt auf ein weiteres Bild.

„Das ist die Schreibmaschine der Sekretärin."

„Was war noch mal eine Sekretärin?", fragt sie mit einem verschmitzten Lächeln.

„Das musst du nicht wissen. Aber möchtest du wissen, woher die Anordnung der Buchstaben auf der Tastatur deines Tablets kommt?"

„Vermutlich von dieser alten Schreibmaschine da?", antwortet sie treffsicher und tippt auf die Karte.

„Genau. Hast du auch eine Idee, warum sie so angeordnet sind?“

„Natürlich, damit man schneller schreiben kann.“

„Sehr gut, dein Gehirn funktioniert einwandfrei, es weiß sofort eine plausible Antwort. Sie ist nur leider falsch. Genau das Gegenteil ist richtig. Die Anordnung der Buchstaben sollte verhindern, dass man schnell schreibt.“

„Wo ist denn da der Sinn?“

„Du verstehst es sofort, wenn du selber mal auf einer alten Schreibmaschine tippst“, erkläre ich. „Warte mal, ich müsste noch irgendwo eine im Schrank haben.“

Ich durchsuche meinen alten Kinderschrank, der bei meinem Auszug in den Neunzigern eine geschichtliche Vollbremsung hingelegt hat: Er ist voll mit alten CDs, Videokassetten, Comics, meiner Drei-Fragezeichen-Hörspielkassetten-Sammlung, ein paar selbst zusammengestellten Musikkassetten und zwei Fotoalben aus meiner Kindheit. Ich erinnere mich wieder daran, wie ich samstagabends vor dem Radio saß, um aktuelle Musiktitel auf Kassette aufzunehmen. Für einen kurzen Moment kann ich sogar wieder die Wut fühlen, wenn die Aufnahme von einer Verkehrsmeldung unterbrochen wurde.

„Da ist sie ja“, rufe ich triumphierend aus. „Meine kleine Reiseschreibmaschine.“

„Reiseschreibmaschine?“ Ebba starrt mit großen Augen auf das wuchtige Gerät in dem Koffer. „Ernsthaft?“

„Probier sie mal aus!“, ermuntere ich sie und schiebe ihr die Maschine rüber. „Tipp mal ganz schnell auf die Buchstaben.“

Schon nach fünf Anschlägen hört sie auf.

„Das geht nicht mehr, diese Metallstäbe haben sich ineinander verhakt.“

„Genau darum liegen die am häufigsten benutzten Buchstaben auf der Tastatur weit auseinander. Man wollte damit verhindern, dass man schnell schreibt."

Mit dem Memory, meinen beiden Fotoalben und einer Kiste mit alten Briefen gehen wir wieder rüber in die Ferienwohnung und machen es uns am Küchentisch gemütlich. Ich mische das Berufe-Memory in bewährter Loriot-Manier und verteile die Karten auf dem ganzen Tisch. Dann bitte ich meine Tochter, eine Karte aufzudecken. Sie lässt ihren Blick einmal über den Tisch schweifen, schließt die Augen und dreht eine Karte um, die ganz am Rand liegt. Es ist der Maler, der vor einer Staffelei sitzt. „Und nun?", fragt sie.

„Nun kannst du eine Beziehung herstellen, wo vorher keine war und Antworten erkennen, die vorher nicht zu sehen waren."

„Wie das denn?"

„Indem du einfach zwei Dinge mit ‚...ist wie...' verbindest. Also zum Beispiel: ‚Kartenlegen ist wie malen'. Und dann überlegst du, warum es so ist."

„Und warum ist es so?", fragt sie neugierig.

„Weil man im Leben ab und zu mal ein paar Schritte zurücktreten muss, wie ein Maler von seinem Bild, um das große Ganze zu erkennen und sich nicht in den vielen Details des Alltags zu verlieren. Genau so einen Blick auf dein Leben können dir die Karten schenken. Ich zeige dir, wie ich das meine. Mach mal deine Augen zu und steh auf."

Ich nehme ihre Hand und führe sie vorsichtig ins Wohnzimmer. An der Wand hängt ein großes Gemälde, das ich letztes Jahr im Keller meines Vaters gefunden habe. Ich stelle Ebba direkt davor. Ihre Nase berührt fast das Bild.

„Jetzt öffne deine Augen und beschreibe, was du siehst", fordere ich sie auf.

„Sehr witzig. Wenn ich so nah vor dem Bild stehe, sehe ich gar nichts."

„Das ist der alltägliche Blick auf die Probleme und Sorgen im Leben. Jetzt geh mal ein paar Schritte zurück."

„Ja, Papa, ich verstehe, was du meinst. Mit Abstand betrachtet, erkenne ich das ganze Bild. Und du meinst, die Karten helfen mir dabei, ein paar Schritte zurückzugehen, um das ganze Bild zu sehen?"

„Ja, genau."

„Dann lass uns jetzt das Kartenspiel selber machen", sagt sie.

„Ok, was für ein Gegenstand, Ort oder Tier soll auf jeden Fall dabei sein?"

„Ein Wolf", sagt sie wie aus der Pistole geschossen. „Und ein Drache."

„Sehr gut, dann such im Internet schon mal ein paar Bilder raus, die dir gefallen. Ich hole ein paar Bücher, die wir gleich gut gebrauchen können."

Endlich ist die Gelegenheit gekommen, genau nachzulesen, was der Wolf bedeutet.

Das Buch der Symbole ist schnell gefunden, und neugierig schlage ich die Rubrik „Wilde Tiere" auf. Der Wolf ist eine sehr mystische Figur, die in vielen Völkern verehrt wird, lese ich. Er gilt zum Beispiel als Urmutter der alten Türken oder der Gründer von Rom, die eine Wölfin bekanntlich gesäugt hat. Die amerikanischen Ureinwohner glaubten sogar, die Wölfe hätten die ganze Welt erschaffen und bewachen das Reich der Toten. Der christliche Glaube hingegen stellt den Wolf als gefährliches und Herden reißendes Tier dar. So ist unsere Kultur vom Bild des bösen Wolfes geprägt, der all die frommen Lämmer fressen will, sowie Rotkäppchen und deren Oma.

Nachdem ich das Kapitel über den Wolf gelesen habe, ist er für mich aber ab jetzt ein Symbol der Stärke, Gemeinschaft und tiefer Verbundenheit mit unserer wahren Natur. Er gibt mir einen Blick auf die dunkle Seite meiner Seele, und ich kann selbst entscheiden, ob ich vor Angst erstarre oder sie als Kraftquelle für den Angriff nutzen will.

Die Heiltsuks, ein nordamerikanischer Indianerstamm, waren sich jedenfalls sicher, dass der Wolf sich nur zeigt, wenn er etwas zu sagen hat. Mir ist er in den letzen Wochen sehr oft erschienen, immer als Randerscheinung. Ich glaube zu wissen, was er mir sagen will: Zerstöre deine Selbst-Idealisierung und entdecke die Kraft in deinen Schwächen!

„Papaaa“, ruft mich meine Tochter. „Kommst du auch noch mal wieder?“

„Ich komme“, rufe ich.

Den ganzen Abend suchen wir Bilder raus, drucken sie aus und kleben sie auf die leeren Memory-Karten, die ich noch in meiner Bastelschublade gefunden habe.

Um elf Uhr ist unser eigenes Orakelset fertig und es ist wunderschön geworden. Ich bin schon gespannt, was der Wolf, der Delphin, die Meerjungfrau, der Vampir oder der Wasserfall uns sagen werden.

„Können wir die Karten gleich mal ausprobieren?“, fragt Ebba.

„Ja, klar. Gibt es ein Thema, das dich gerade sehr beschäftigt und kannst du eine Frage dazu formulieren?“

„Ja, kann ich.“

„Gut, dann denke jetzt an deine Frage, mische die Karten und decke zwei von ihnen auf.“

Mit geschlossenen Augen schiebt sie die Karten über den Tisch und deckt in der Mitte der Auslage das erste Bild auf. Es ist ein knallroter Apfel. Das zweite Bild zeigt Harry Potter.

„Die erste Karte beleuchtet die negative Seite deiner Frage, also, warum du etwas nicht tun solltest“, erkläre ich. „Harry Potter zeigt dir einen Blick auf die positive Seite, also auf das, was passieren kann, wenn du dich dafür entscheidest.“

„Wofür steht denn der Apfel?“

„Der Apfel steht meist für eine Versuchung. Dabei kann er auf eine große Liebe hinweisen oder aber auch vergiftet sein. Darum ist es wichtig, die Bedeutung in der Beziehung zur anderen Karte zu erkennen.“

„Das ist nicht so einfach, Papa.“

„Was hast du denn gefragt?“, will ich wissen.

„Ob ich die Schule abbrechen soll.“

„Na, das ist doch eindeutig“, sage ich, „du sollst natürlich weiter zur Schule gehen, wie Harry Potter.“

„Ok, aber nur, wenn ich nach Hogwarts darf.“

KAPITEL 22

So einen neumodischen Kram brauchen wir nicht.

Als mir Egor im Atelier die Karten gelegt hatte, kaufte ich mir gleich am nächsten Tag ein eigenes Kartenset mit dem zugehörigen Buch. Ein guter Freund war an dem Tag zu Besuch und gemeinsam probierten wir die Karten aus. Vor allem mit dem Beziehungsspiel hatten wir unseren Spaß.

Den ganzen Abend lang überprüften wir mittels dieser speziellen Legetechnik all unsere Beziehungen im Leben: die Beziehungen zu den Frauen, für die wir damals schwärmten, die gescheiterten Beziehungen mit unseren Ex-Freundinnen, und zum Schluss analysierten wir auch noch alle Beziehungen zu den Jungs in unserem Freundeskreis. Man zieht dazu sieben Karten, die darüber Auskunft geben, was jeder in der Beziehung wirklich denkt, fühlt und bereit ist, dem anderen zu zeigen.

Irgendwann erkannten wir ein Muster bei jeder Legung: Die linke Kartensäule zeigte immer unsere Sicht auf die Beziehung, die rechte Seite stand für die verborgene Sicht der Freundin oder der Freunde. Wir haben diese Erkenntnis dann in unzähligen Legungen getestet und waren uns sicher, hier einer ganz großen Sache auf der Spur zu sein. Als ich ein paar Wochen später erneut die Anleitung des Beziehungsspiels las, um die Legung zu wiederholen, fiel ich fast vom Glauben ab. Da stand gleich im zweiten Satz: Die linke Säule steht für den oder die Fragende, die rechte Säule für den oder die Partnerin. Diesen einen so wichtigen Satz hatte ich beim ersten Mal einfach überlesen. Zum Glück.

Denn der von uns selbst erarbeitete Beweis hat meinen Bert im Kopf nicht nur davon abgehalten, das Ganze für immer und ewig als esoterischen Humbug abzustempeln, sondern auch dazu ermutigt, das komplexe System hinter den Karten tiefer zu erforschen – und zu einem Vater zu werden, der seiner Tochter bei Liebeskummer und großen wichtigen Lebensfragen die Karten legt.

Ebba schläft noch, als ich mir gegen 11 Uhr leise die Kiste mit den alten Briefen und Fotoalben nehme und mich damit in die Küche setze. Großartige Fundstücke habe ich da aufbewahrt. Meinen blauen Brief aus der 10. Klasse zum Beispiel. Ich erinnere mich noch, wie enttäuscht meine Mutter war, als sie mir den Brief der Schule vorlegte. Und wie enttäuscht ich war: Der Brief war nämlich gar nicht blau. Die Schule hatte sich nicht mal die Mühe gemacht, auch wirklich blaues Papier zu verwenden! Vermutlich hat sich in dieser Enttäuschung mein hoher Anspruch für ein ganzheitliches Erscheinungsbild ein erstes Mal gezeigt.

Der Grund für den Brief war eine Fünf in Englisch und eine Fünf in Deutsch. Die schlechten Noten waren nicht verwunderlich: Die Lehrer hatten mir in jeder Stunde und in jeder Prüfung immer wieder gesagt, dass ich weder in Englisch noch in Deutsch etwas tauge. Beim Elternsprechtag riet meine Deutschlehrerin, meinen Eltern sogar, ihr Sohn solle lieber mal ein Buch lesen statt immer nur Comics. Zum Glück haben meine Eltern selber nie Bücher gelesen und mich damit in Ruhe gelassen.

Dann entdecke ich mein Bundeswehrzeugnis. Darauf war ich mächtig stolz, und ich wollte es eigentlich immer mal einrahmen und über dem Klo aufhängen.

Während meiner Bundeswehrzeit war ich nämlich der Bataillonszeichner. Auf dem Truppenübungsplatz saß ich im Zelt des Kommandanten und trug die taktischen Zeichen auf der Karte ein. Nach dem Dienst zeichnete ich in der Kaserne die Geburtstagskarten für die Offiziere und deren Frauen. In meiner Entlassungsurkunde wurde mein zeichnerisches Talent daher von oberster Stelle in den höchsten Tönen gelobt – bevor der Hauptfeldwebel im letzten Satz ergänzte: „Rein militärische Aufgaben hat Obergefreiter Jacobs stets unter Anleitung zur Befriedigung ausgeführt." Oder, um es in den Worten von Calvin Groß zu sagen: Stell dich quer, dann bist du wer.

Nach Abitur und Bundeswehr hatte ich dann leider überhaupt keine Ahnung, was ich machen oder werden wollte. Der Traum von einer Karriere als Comiczeichner ist jedenfalls mitten in meiner Grundausbildung zum Panzergrenadier geplatzt. Ich hatte in dieser Zeit fünf Seiten meines ersten Comics gezeichnet und euphorisch bei einem Nachwuchswettbewerb eingereicht. Ich war überzeugt, dass ich gewinnen würde, schließlich war Zeichnen das Einzige, was ich wirklich gut konnte und worin keiner meiner Freunde besser war. Als der namhafte Verlag mir dann aber eine Absage erteilte, war die Enttäuschung entsprechend groß. Nicht mal die Trostschokolade, die dem Brief beilag, konnte verhindern, dass ich mir seit diesem Tag kein einziges Comic mehr gekauft habe.

„Was machst du da, Papa?", fragt mich meine Tochter, die sich verschlafen in die Küche geschlichen hat und nun gähnend vor mir sitzt.

„Ich entdecke mich gerade neu", antworte ich. „Möchtest du mal ein paar Fotos von früher sehen?"

Sie nickt und wirkt plötzlich hellwach. Als sie die beiden Fotoalben nach wenigen Minuten durchgeguckt hat, möchte sie mehr sehen.

„Ich habe keine weiteren Bilder aus meiner Kindheit", erkläre ich ihr, woraufhin sie mich ungläubig anguckt und sagt: „Dann zeig mir doch Videos!"

Als ich ihr sage, dass es auch keine Videos gibt, wird mir schlagartig klar, was Digitalisierung für die Erinnerung an die eigene Kindheit bedeutet. Ich alleine habe mehr als 3.000 Fotos meiner Kinder auf dem iPhone, die externe Datensicherung meiner gesamten Fotobibliothek der letzten Jahre sowie die vielen Foto-CDs anderer Eltern aus dem Kindergarten, der Grundschule oder dem Sportverein nicht einberechnet. Meine Tochter selbst hat bereits über 8.000 Bilder auf ihrem Handy und unzählige Videos. Das sind Unmengen an jederzeit abrufbaren Erinnerungen. In meinen beiden analogen Fotoalben aus meiner Kindheit und Jugend befinden sich genau 298 Fotos. Zum Beispiel das Bild, das mich als einsamen, kleinen Indianer inmitten posender Cowboys zeigt. Ebba tippt auf ein Bild mit einem kleinen Mädchen mit roter Latzhose und blonden Locken und fragt, wer das sei.

„Das bin ich", sage ich, und mir wird wieder bewusst, dass meine Mutter sich eigentlich ein Mädchen gewünscht hatte. Als sie erfahren hatte, dass ich ein Junge werde, soll sie fürchterlich geweint haben, wurde mir berichtet.

Auch auf dem typischen Kinderfoto mit einem orangenen *FeTAp 61* in der Hand habe ich noch meine blonden Locken. Das *FeTAp 61* war der Fernsprechtischapparat der deutschen Bundespost und wurde von 1961 bis weit in die Achtzigerjahre verkauft. Über zwanzig Jahre das gleiche Telefon im Programm – was waren das für Zeiten!

Ich weiß noch, wie stolz mein Vater irgendwann mit der neuesten Innovation nach Hause kam: ein Telefon mit Tasten!

Ich weiß auch noch genau, was meine Mutter dazu sagte: „So einen neumodischen Kram brauchen wir nicht."

Ich gucke mir alle Fotos noch mal in Ruhe an und mir fällt auf, dass ich auf den meisten Fotos eine Grimasse schneide. Ich hatte offenbar ein Defizit an Aufmerksamkeit in meiner Kindheit und war stets bestrebt, aus dem Rahmen zu fallen. Könnte ich nicht meinen Vortrag nur mit diesen Kinderfotos bebildern?, frage ich mich.

„Geht das?", höre ich Bert fragen und Ernie liebevoll antworten: „Ja klar, das geht!"

Dann erinnere ich mich wieder daran, was die Karten mir rieten: In meinem Vortrag soll es um mich persönlich gehen. Ich soll von den Dingen erzählen, die ein Leben lang an mir genagt haben, und davon, wie ich immer meinem Herzen gefolgt bin. Von den Dingen, die an mir genagt haben, liegt eine ganze Kiste vor mir. Fehlen also nur noch ein paar Beispiele, wann und wie ich meinem Herzen gefolgt bin. Sofort erinnere ich mich daran, wie ich Alice kennenlernte.

Es war auf einer Veranstaltung. Alice fiel mir sofort auf, als sie den Saal betrat. Sie sah fantastisch aus in ihrem sportlichen Kleid und mit der großen schwarzen Brille. Ich unterhielt mich gerade mit Birgit, einer Freundin, mit der ich zusammen angereist war. Birgit merkte sofort, dass ich nervös wurde, als Alice auf uns zukam, und sagte: „Ich gehe schon mal rein." Und dann stand Alice vor mir. Wir unterhielten uns über irgendetwas, und schon am Abend fiel es mir schwer, unser Gespräch zu rekapitulieren. Ich weiß nur noch, dass mich Alice irgendwann fragte, ob sie mich mal in den Arm nehmen dürfte. „Ja, natürlich", antwortete ich und genoss die erste innige Berührung. Das Besondere an dieser Umarmung war, dass ich sie mir ein paar Wochen vorher sehnlich gewünscht hatte. „Ich will einfach nur mal in den Arm genommen werden“, hatte ich mit Wut im Bauch und Tränen im Gesicht in mein neues Skizzenbuch geschrieben.

KAPITEL 23

Segeln, Trinken und Pokern.

Die ganze letzte Woche war ich im Boxspiel-Fieber, denn ich wollte unbedingt den spielbaren Prototypen für den Segeltörn fertig bekommen. Dabei wäre es sehr viel vernünftiger gewesen, an meinem Vortrag weiterzuarbeiten. Aber so funktioniert mein kreativer Geist nun mal: Ich gebe mich lieber der Begeisterung im Hier und Jetzt hin als der Vernunft von morgen. Aus buddhistischer Sicht ist das doch sehr aufmerksam, finde ich. Außerdem bin ich immer überrascht, wieviel ich fertig bekomme, wenn ich mich derart konzentriert meiner Lust am Gestalten hingebe und alle Sorgen und Pflichten um mich herum einfach ausblende.

„Ding Dong“, klingelt es an der Tür, und wenig später öffne ich das Paket mit meinen Boxkarten, die gedruckt wirklich gut aussehen. Jetzt muss ich nur noch die Spielregeln ausdrucken, und dann geht es ab nach Hamburg.

„Bist du jetzt endlich fertig?“, fragt Alice, die schon seit einer Stunde mit gepackten Koffern auf mich wartet.

„Ich musste nur noch eben eine Kleinigkeit bei den Spielregeln ändern“, rufe ich und eile in mein Arbeitszimmer.

Zum Glück weiß Alice, was es bedeutet, wenn ich „nur eine Kleinigkeit ändern“ möchte. Sie weiß, wie schwer es mir fällt, mit der Arbeit aufzuhören, wenn ich erst einmal im Optimierungsmodus bin. Bei jeder kleinen Änderung fällt mir ein neues Detail auf, das ich noch schnell verbessern könnte. Wenn ich Alice dann zwischendurch frage, welche Version sie besser findet, fällt es ihr meistens schwer, überhaupt einen Unterschied zwischen den Varianten zu entdecken. So auch heute, als ich meine letzte Version der Spielregeln endlich in meine Tasche stecke.

Diese letzte Korrekturphase hat mich früher in meinen freiberuflichen Projekten viel Geld und Nerven gekostet. Die Kunden haben nie verstanden, was ich da noch so lange machen will, wenn doch eigentlich schon alles fertig ist.

Ich habe auch nie wirklich versucht, diese Arbeitszeit in Rechnung zu stellen, weil ich die Diskussion über meine Liebe zum Detail nicht führen wollte.

Vor ein paar Jahren ergab ein Persönlichkeitstest, dass meine ästhetische Motivation viermal so hoch ausgeprägt ist wie meine wirtschaftliche. Dieses Ergebnis war viele Jahre eine gute Ausrede für mich, viel zu arbeiten und wenig Geld dabei zu verdienen. Dabei hatte ich damals einfach nicht die Eier, um in dieser männlich dominierten Wirtschaftswelt meine sinnlichen Bedürfnisse auf Augenhöhe durchzusetzen.

Alice ist da zum Glück anders. Sie war viele Jahre kaufmännische Leiterin in verschiedenen großen Werbeagenturen und hat von der Pike auf gelernt, wie man seine Interessen in der Bertwelt durchboxt. Zum Glück hat sie diese Zeiten hinter sich gelassen, und so unterhalten wir uns die ganze Fahrt nach Hamburg leidenschaftlich darüber, wie wir unser Projekt *Ein mystischer Abend mit Alice & Jacobs* mit neuen Ideen bereichern.

In Hamburg angekommen, setze ich Alice bei ihrer Freundin ab. Sie verbringt mit ihren „Mädels“ Susanne und Jana, die sie aus ihrer gemeinsamem Zeit bei der Hamburger Werbeagentur *Scholz and Friends* kennt, das Wochenende mit Shoppen, Essen und Wellness.

Auch der Plan mit meinen drei Jungs ist ein schöner, klischeebeladener Dreiklang: Segeln, Trinken und Pokern!

Ich freu' mich drauf!

Ich komme als Letzter am Hafen an und werde von den Jungs mit einem überdrehten „Achtung! Professor kommt an Bord!" begrüßt. Als ich meinen Rollkoffer polternd über den Steg ziehe, wird das hämische Lachen noch lauter.

„Du warst noch nie segeln, oder?", fragt Matthias mich und drückt mir ein Bier in die Hand.

„Na, dann bring den Koffer erst mal in deine Kabine," lacht Mano und haut mir dabei kräftig auf den Rücken.

„Welche ist denn noch frei?", frage ich Erik, doch die Antwort geht im Lachen unter.

Mit einem lauten „Plopp" öffne ich mein Bier, und wir stoßen auf das unvergessliche Wochenende an, das vor uns liegt. Unter Deck wird mir schnell klar, was gerade so lustig war. Es ist eng, sehr eng, und natürlich habe ich keine eigene Kabine. Nicht mal eine eigene Koje, denn mein Schlafplatz ist die Sitzbank, die abends erst umgebaut wird, wenn wir nicht mehr am Tisch sitzen. Als ich wieder an Deck komme, haben wir schon abgelegt.

Es scheint eine stürmische Reise zu werden. Das Wetter ist jedenfalls mies, ebenso der Wellengang. Leider hatte ich nicht bedacht, wie schnell ich seekrank werde, und dass meine Sommerjacke nicht seetauglich ist. Also verbringe die ersten beiden Stunden alleine unter Deck. Als die Sonne wieder rauskommt und die Wellen weniger wogen, wird es auch für mich richtig gemütlich. Matthias berichtet den anderen von unserem gemeinsamen Workshop und dessen Folgen. Dr. Bert Brummer, wie er jetzt heimlich von den Kollegen genannt wird, hat ein freies Büro in ein „Ernie und Bert"-Zimmer verwandelt: An die Wände kommen sämtliche Ideen und Inspirationen, oder einfach nur offene Fragen, die einen gerade beschäftigen. Der Raum sei eine richtige Inkubationszelle für das ganze Team geworden, erzählt Matthias: „Und wenn ich selbst mal ein Tief während der Arbeitszeit habe, setze ich mich einfach eine halbe Stunde da rein, gucke verträumt auf die ganzen Zettel an der Wand und atme die positive Energie ein."

Wir unterhalten uns noch eine ganze Weile über Kreativität und Stress im Berufsalltag. Dann kommen wir auf das Thema Intuition zu sprechen.

„Bauchgefühl ist an Bord ein großes Thema", erzählt Mano. „Wenn einer von uns Piloten im Cockpit ein negatives Bauchgefühl hat, muss er es sofort klar kommunizieren. Er muss es nicht erklären können, sondern einfach nur laut äußern. Gemeinsam besprechen und prüfen wir dann, woher es kommen könnte. Es gibt nämlich viele wissenschaftliche Studien über die unbewusste Wahrnehmung, die sich nur als Gefühl oder Ahnung bemerkbar macht.

In der Fliegerei gab es in der Geschichte schon viele fatale Fehlentscheidungen, weil sich besonders jüngere Piloten nicht getraut haben, etwas zu sagen, und sehenden Auges in die Katastrophe geflogen sind. Eine gute Intuition managt das noch nicht Sichtbare und basiert oft auf einer bereits gemachten Erfahrung. Darum ist bei diesen Besprechungen an Bord die erste Frage auch immer, ob jemand schon mal eine ähnliche Erfahrung gemacht hat."

„Das kenne ich nur zu gut", wirft Erik ein. „Ich habe bei uns im Konzern auch oft Bauchschmerzen bei einigen Entscheidungen und äußere sie sofort. Meine Bedenken werden auch jedes Mal sehr ernst genommen, was dazu führt, dass eine teure Beratungsfirma wochenlang mit Zahlen genau das belegen soll, was ich in Sekunden geahnt und ausgesprochen hatte. Was für eine Verschwendung von Ressourcen, denke ich dann immer und meine damit nicht nur die ganze Kohle, die das jedes Mal kostet."

„Diesen Luxus haben wir an Bord nicht", sagt Mano. „Wenn mir kurz nach dem Abheben ein Schoof Gänse beide Triebwerke zerschreddert, dann muss ich sofort handeln. So wie Chesley Sullenberger, dem das Wunder vom Hudson River gelang. Mit seiner Notwasserung hat er 150 Menschen das Leben gerettet. Und auf sehr beeindruckende Art gezeigt, wie Heuristik funktioniert."

„Heuristik?" frage ich interessiert nach. „Was ist das noch mal genau?"

„Heuristik nennt man das intuitive Abschätzen unter enormem Zeitdruck", erklärt Mano. „Heuristik beschreibt zum Beispiel den Ablauf bei einem erfolgreichen Tempo-Gegenstoß. Wenn ich dir früher beim Handball als Torwart den Ball nach vorne geworfen habe, dann hast du intuitiv die Blick-Heuristik angewendet. Während du nach vorne gerannt bist, hast du mit dem Ball im Blick deine Geschwindigkeit so angepasst, dass du ihn sicher fangen konntest, um ihn dann ins gegnerische Tor zu versenken. Mit dem gleichen Prinzip hat es Kapitän Sully geschafft, den Airbus auf dem Hudson River zu landen."

„Ich würde euch jetzt gerne bei einer gepflegten Runde Poker meine heuristischen Fähigkeiten vorführen", sagt Matthias und stellt demonstrativ den Pokerkoffer auf den Tisch.

„Kann ich euch vorher noch ein Spiel vorstellen, das ich letzte Woche erfunden habe?", frage ich in die Runde. „Es ist ein Boxspiel."

„Das hört sich gut an", sagt Erik, und Matthias stellt protestlos den Pokerkoffer wieder zur Seite.

Die Regeln sind schnell verstanden. Jeder erhält sieben Handkarten, auf denen verschiedene Schlag- und Abwehraktionen abgebildet sind. Es spielen immer zwei gegeneinander. Abwechselnd wird eine Karte offen oder verdeckt hingelegt, die der andere kontern muss. Erzielt jemand einen Treffer, muss der Gegner eine Wundenkarte ziehen und in sein Kartendeck mischen. Wer nach drei Runden die meisten Treffer kassiert hat, hat verloren. Sollte es jemand schaffen, eine Wunde zu treffen, geht der Gegner auf die Bretter.

Nach ein paar Proberunden boxen wir ein kleines Turnier aus, welches Erik knapp nach Punkten gewinnt. Matthias fordert sofort eine Revanche – dieses Mal allerdings im Pokern. Hier hat er, wie so oft, die Nase vorn und ich bekomme, wie gehabt, eins drauf. Um Mitternacht habe ich alle meine Pokerchips gerecht an die anderen verteilt und warte darauf, dass meine Koje frei wird.

Am nächsten Abend schlägt Erik vor, noch schnell eine Runde zu boxen, bevor wir pokern. Aus einer schnellen Runde wird ein kleines Turnier, und irgendwann schlägt Erik vor, dass der Gegner bei jedem erzielten Treffer einen Jägermeister trinken muss. Als die Flasche leer ist, kramt er eine alte Flasche Gammel Dansk aus der Vorratskiste und haut mir gleich im ersten Spiel ordentlich auf die Nase. „Wham, Wham, Wham!“, höre ich ihn bei jedem Treffer rufen. Nach 12 hintereinander kassierten Whams nehme ich den Namen des dänischen Magenbitters sehr wörtlich und ziehe mich zuerst auf das Klo und dann in die Koje von Erik zurück. Die anderen boxen weiter, ich aber schlafe friedlich ein.

KAPITEL 24

Hör auf mit dem Quatsch.

Am nächsten Morgen bin ich als Erster wach.

Erschrocken stelle ich fest, dass es schon kurz nach zehn ist. Eigentlich wollten wir um neun in See stechen. Schnell wecke ich die anderen.

An Bord wird es hektisch. Wir müssen das Schiff klar machen und ablegen und zwischendrin auch noch frühstücken. Da in meinem Segelzeugnis sicher stehen würde, dass ich meine Aufgaben an Bord unter Anleitung zur Befriedigung ausführen kann, besorge ich lieber Croissants, belegte Brötchen und Kaffee, während sich die anderen um das Schiff kümmern. Eine halbe Stunde später können wir den Hafen von Helgoland verlassen, um zurück nach Hamburg zu segeln. Der Wind steht optimal und wir sind guter Dinge, wieder etwas Zeit gutzumachen.

„Scheiße!", ruft Erik plötzlich panisch und alle gucken ihn an.

„Was ist los?", fragt Matthias.

„Das Boot da!" Eriks Zeigefinger schnellt nach vorn. „Kommt das auf uns zu?"

„Ja, sieht so aus", sagt Mano. „Das ist doch ein Zollboot, oder?"

„Scheiße!", ruft Erik erneut. „Ich habe mir gestern im Angebot 20 Liter *Lagavullin*, meinen Lieblingswiskey, gekauft und wollte die heute morgen in Ruhe beim Zoll anmelden. Doch das habe ich in der Hektik völlig vergessen. Scheiße, Scheiße, Scheiße."

„Keine Panik, Erik", sagt Mano. „Als erfahrener Pilot bin

ich für Notfall-Situationen hervorragend ausgebildet. Jetzt heißt es Ruhe bewahren und das Notfall-Programm abspielen. FORDEC heißt es."

„Das ist nicht der richtige Moment für Späße", brüllt Erik.

„Das ist kein Spaß, sondern die Möglichkeit, schnellstmöglich eine gute Entscheidung zu treffen", kontert Mano und legt gleich los: „Mit F wie Facts fängt es an. Also fassen wir zusammen: Wir haben einen unverzollten und unversteuerten Warenwert von über 700 Euro an Bord." Er tippt in sein Handy und verkündet nüchtern: „Das kann ein Bußgeld von bis zu 50.0000 Euro bedeuten und ein mögliches Strafverfahren wegen versuchter Steuerhinterziehung. Die Steuerhinterziehung kann zu einer weiteren Geldstrafe führen, und zu einem Freiheitsentzug von bis zu fünf Jahren."

Plötzlich ist es ganz still an Bord und alle starren das Zollboot an. Jetzt ist eindeutig zu erkennen, dass es direkt auf uns zukommt.

„Weiter geht es mit O wie Options", höre ich Mano stoisch fortfahren.

„Hör auf mit dem Quatsch", flüstert Erik jetzt, weil er Angst hat, der Wind könnte seine Worte direkt in die Ohren der Zollbeamten tragen.

„Fakt ist, wir dürfen jeder einen Liter mitnehmen. Das macht vier Liter. Ich werde sagen, dass ich für mich alleine schon vier Liter gekauft habe, weil ich nicht damit gerechnet habe, dass ihr auch jeder einen Liter besorgt habt, um ihn mir dann als Dankeschön zum Abschluss zu schenken. Das macht zusammen sieben Liter. Den Rest schmeiße ich jetzt unten aus der Luke. Dann bezahle ich das Bußgeld für die drei Liter und gut ist."

„Und wenn die von den zwanzig Litern wissen, die du gekauft hast?", fragt Matthias.

„Dann sagen wir eben, dass wir die gestern gesoffen haben. Das kann man ja wohl auch noch deutlich riechen“, sagt Erik genervt und setzt dabei sein freundlichstes Lächeln auf, weil er befürchtet, dass die Beamten bereits mit ihrem Fernglas Blickkontakt aufgenommen haben.

„Gibt es eigentlich eine Promillegrenze auf See?“, überlege ich laut und denke dabei an gestern Abend.

„Scheiße!“, ruft Erik wieder. „Daran habe ich überhaupt nicht gedacht. Wir dürfen sicher noch gar nicht fahren.“

„Hey, Männer, wenn wir jetzt anfangen zu diskutieren, dann wird das nix mehr mit dem Notfallplan. Wir müssen jetzt dringend mit R wie Risk und dann mit D wie Decision weitermachen“, mahnt Mano. Doch dazu kommt es nicht mehr.

„Hey, ihr Spaßvögel, euch scheint es ja bestens zu gehen“, hören wir die Stimme aus dem Megaphon. „Ist euch eigentlich klar, was ihr gemacht habt?“

Ich spüre sofort den Impuls, mich nach vorne zu stellen und alles reumütig zu gestehen, bleibe aber zum Glück wie erstarrt einfach sitzen.

„Was meinen Sie genau?“, ruft Kapitän Erik und setzt dabei sein Pokerface auf.

„Na, guckt mal nach oben“, schallt die verzerrte Stimme durch das Megaphon.

Verdutzt gucken wir alle in Richtung des Zollbootes und auf den Himmel darüber. Dann schauen wir uns fragend an.

„Über euch!“, fordert uns die blechernde Stimme erneut auf. Wir werfen synchron die Köpfe in den Nacken, und ich suche den Himmel nach einer Drohne oder Ähnlichem ab.

„Eure Fahne!“, brüllt der Zollbeamte ungeduldig, und ich habe langsam den Eindruck, er macht sich über uns restalkoholisierte Seemänner lustig.

„Ach du Scheiße“, brüllt Erik erleichtert und lacht. „Welcher Honk hat denn gestern Abend die Deutschlandfahne gehisst? Die hängt ja verkehrt herum.“

Erik bedankt sich bei den freundlichen Zollbeamten, die direkt kehrt machen, und klärt uns darüber auf, dass die internationale Bedeutung einer umgekehrt gehissten Nationalflagge auf eine Notfallsituation auf See hinweist. Sofort überlege ich, wie die Schweizer das wohl handhaben, verkneife mir die Frage aber und will stattdessen lieber von Mano wissen, was bei E und C zum Schluss der Notfallformel noch passiert wäre.

„Das E steht für Execution und das C für Check“, erklärt er und betont, dass „Check“ besonders wichtig ist. Denn auch nach der Entscheidung und Ausführung gilt es, wachsam zu bleiben, weiterhin die Fakten zu überprüfen und sich die Zeit dafür zu nehmen, sich zurückzulehnen, um zu hören, was das Bauchgefühl sagt.

KAPITEL 25

Alice and Jacobs in da House.

Als Alice ins Auto steigt, lacht sie immer noch über unsere verkehrte Fahne. Wir haben bei Susanne noch einen Kaffee getrunken, und ich habe ihnen die Zoll-Geschichte erzählt. Auf dem Weg nach Frankfurt wollen wir nun noch meinen Sohn besuchen, der in einem Vorort von Hamburg wohnt. Jack hasst Großstädte und hat sich darum mit zwei Freunden ein freistehendes Haus in Bergedorf gemietet. Die drei machen zusammen Musik und haben den Keller jetzt in ein Tonstudio verwandelt. Ben, der zuständig für die Sounds und Beats ist, öffnet uns die Tür.

„Oh, nice, Alice and Jacobs in da House. Kommt rein. Jack ist noch unten im Studio."

Ben begleitet uns in den Keller und erklärt uns die Umbauten. Mein Sohn sitzt mit Kopfhören am Mischpult und hört sich eine Aufnahme an. Er scheint sehr zufrieden damit zu sein.

„Ihr seid ja schon da", begrüßt er uns freudestrahlend und nimmt erst Alice und dann mich in den Arm. Wir machen es uns auf den Sofas im Studio gemütlich und die beiden erzählen, was in den letzten Wochen alles passiert ist. Lukas, der dritte im Bunde, macht gerade seinen Master of Arts in Film an der Hamburger Media School und dreht seinen Abschlussfilm. Ben und Jack haben die Musik dafür gemacht. Die ersten drei Trailer des Films wirken wie eigenständige Musikvideos und sind auf YouTube überraschend schnell durch die Decke gegangen. Jetzt haben sie einige Anfragen von kleinen Labels, die mit ihnen unbedingt ein

Album machen wollen. Am meisten aber diskutieren sie eine Anfrage von Netflix, die Musik für eine deutsche Serie zu produzieren. Jack hat sich noch nie so richtig für Serien begeistern können und bringt damit die beste Voraussetzungen ein, um die Gespräche mit dem Produzenten auf einer rein sachlichen und wirtschaftlichen Ebene zu führen. Das Honorar für sich und Ben sowie die Handhabung der Nutzungsrechte hat er schon optimal verhandelt. Jetzt geht es noch darum, in wie vielen Folgen Lukas die Regie führen darf. Zwei Folgen sind ihm schon sicher.

Dann spielt uns Jack das Stück laut vor, das er vorhin über Kopfhörer gehört hat. Die Beats, Hooks und Parts sind wieder großartig geworden und mir fällt auf, dass die Jungs einen ganz eigenen Stil entwickelt haben: kraftvoll, aber mit einer zarten, melancholischen Herznote.

„Das werden wir morgen dem Produzenten schicken – mit der Absicht, ihn vom Kopf bis in seine wippenden Füße von unserem Angebot zu überzeugen."

„Also, ich nicke sofort mit dem Kopf, wenn ich das höre", sagt Alice. Ich stimme ihr kopfnickend zu. „Und das habt Ihr jetzt mal eben so am Wochenende fertig gemacht?"

„Donnerstag hatten wir die Idee" erklärt Jack. „Freitag haben wir dann die Nacht durchgemacht."

Jack hat schon immer gerne in der Nacht gearbeitet. Das hat er wahrscheinlich von mir. Bevor ich Vater wurde, habe ich es auch geliebt, mich in der Stille der Nacht ohne Ablenkung auf die Arbeit zu konzentrieren.

Wenn alles schon schläft, war ich immer am kreativsten. Heute ist es ähnlich: Am Wochenende stehe ich gerne um sechs auf, um in Ruhe an meinem neuen Buch zu schreiben. Es soll eine Trilogie werden, die in den 20er-Jahren spielt und eine magische Einführung in die Welt der Hermetik,

Kabbalah und Alchemie ist. Denn wenn alles noch schläft, bin ich am kreativsten.

„Wie findest du denn so schnell Ideen für Deine Texte?", will ich wissen. „Nutzt du dafür eine bestimmte Methode?"

„Die meisten, die ich kenne, gehen da ganz logisch vor. Sie notieren sich ein paar Worte, die sie gerne verwenden wollen, und schreiben dann so viele Reime wie möglich dazu auf. Ich mache das anders", sagt Jack und erklärt: „Das Thema lege ich gemeinsam mit Ben und Lukas fest. Ben gibt mir dann eine erste Version des Beats und ich fange einfach an. Ich fühle mich richtig rein in die Musik und lasse einfach alles raus, was mir dabei kommt. Ganz intuitiv. Ich fange immer und immer wieder von vorne an. Mit jeder neuen Version der Beats, die Ben parallel veredelt, veredeln sich auch meine Worte. Irgendwann ist beides einfach fertig."

„Wow, was für eine tolle Co-Kreation. Die natürliche Genialität in diesem Zusammenspiel kann man richtig raushören", bewundere ich die beiden laut für ihren Schaffensprozess und denke leise, dass es bei mir und Alice eigentlich ganz ähnlich ist.

Glücklich nehme ich ihre Hand und lausche weiter den genialen Beats und Parts.

KAPITEL 26

Frauen sind einfach viel besser als Männer.

Vier Wochen bis zu meinem großen Auftritt, und meine Rede ist so gut wie fertig. Der Anfang mit meinen alten Kinderfotos ist sowohl humorvoll als auch berührend geworden und dürfte schnell eine sympathische und authentische Verbindung mit dem Publikum aufbauen. Aber mir fehlen noch gute Beispiele aus der Praxis. Ich könnte natürlich Erfolgsgeschichten aus dem Internet recherchieren, aber ich habe lieber eine persönliche Verbindung zu den Beispielen, von denen ich auf der Bühne erzähle. Da kommt der Anruf von Victoria genau richtig. Sie fragt mich empört, warum ich mich noch nicht für die Jubiläumstagung der Allianz Deutscher Designer angemeldet habe, ich sei doch schließlich ein wichtiger Teil der Geschichte. Da ich mir kurz vorher den neuen Ehrlichkeits-Duft von Alice aufgesprüht hatte, beichte ich, dass ich den Newsletter der Allianz nie lese und daher gar nicht wusste, dass sie Jubiläum feiert. Umso mehr freue ich mich über Victorias Anruf – und auf die frischen Impulse, die mir die Tagung bringen wird.

Victoria ist die Geschäftsführerin des Berufsverbandes AGD, der Allianz Deutscher Designer. Das Bewerbungsgespräch mit ihr werde ich nie vergessen. Der damalige Vorstand hatte für die Suche eines neuen Geschäftsführers eine externe Firma damit beauftragt, die Gespräche zu führen, und wir selbst waren nur stille Beobachter. Ich war als Vertreter der Mitglieder dabei. Vier Männer und zwei Frauen waren in der engeren Auswahl. Der erste Kandidat, der vor uns Platz nahm, war Mitte Fünfzig und vorher Geschäftsführer einer Softwareschmiede für Content-Management-Lösungen gewesen. Unser Personalberater, Herr Ickert, hatte ein kleines Assessment Center vorbereitet. In der so genannten „Postkorbübung" bekamen die Bewerber und Bewerberinnen 18 Dokumente, die alle dringend bearbeitet werden wollten: E-Mails, Briefe, Textnachrichten sowie handgeschriebene Notizzettel, sowohl aus dem beruflichen wie auch aus dem privaten Umfeld. Die Bewerber sollten sich schnell einen Überblick verschaffen, Zusammenhänge erkennen und die Aufgaben der Reihe nach abarbeiten.

„Guten Morgen, Herr Bruck, Sie haben ja heute Morgen schon ihren Postkorb in Augenschein genommen," begann Herr Ickert das Bewerbungsgespräch. „Was tun Sie denn als Erstes?"

„Ich sage meiner Sekretärin, dass sie mein Treffen mit Dr. Hirschfeld absagen und in der Autowerkstatt einen Termin für die TÜV-Abnahme machen soll", antwortete er bestimmt.

„Entschuldigen Sie bitte, Herr Bruck, aber das ist nicht möglich. Sie haben keine Sekretärin."

„Ich habe keine Sekretärin?", fragte Herr Bruck ungläubig, und seine Selbstsicherheit löste sich genauso schnell in Luft auf wie die Sekretärin.

„Dann rufe ich als Erstes meine Frau an und bitte sie, die Handwerker zu Hause reinzulassen ..."

„Entschuldigen Sie bitte, Herr Bruck, aber das ist nicht möglich. Sie sind Single."

„Ach so, ich bin Single", wiederholte er ungläubig und starrte mit leerem Blick vor sich hin. „Na dann mache ich, äh, ich mache, äh, äh, ich, äh…"

Damit war das Gespräch im Prinzip schon gelaufen, und ich war gespannt, ob der zweite Kandidat einen kühlen Kopf bewahren würde. Das tat er, für meinen Geschmack war er sogar ein paar Grad kühler als nötig, und einmal lief es mir eiskalt den Rücken herunter.

Der Bewerber hatte nur die fünf Aufgaben im beruflichen Kontext bearbeitet und stoisch behauptet, Berufliches und Privates strikt zu trennen. Als der Personalberater ihn dann mit der Aussage konfrontierte, dass er scheinbar die Aufgabe nicht richtig verstanden habe, sagte er: „Herr Ickert, hören Sie bitte sofort auf, so mit mir zu reden!" Dann verzogen sich seine Gesichtszüge, und er sagte mit leiser, aber zugleich fester Stimme: „Sie lösen unangenehme Gefühle in mir aus."

Ich war nur froh, dass er dabei Herrn Ickert tief in die Augen schaute und nicht mir.

Auch Kandidat Nummer drei war von der die Postkorbübung völlig überfordert.

Dann betrat Victoria den Raum.

„Guten Tag, Frau Ringleb, Sie haben ja gerade schon Ihren Postkorb in Augenschein genommen. Was tun Sie denn als Erstes?"

„Guten Tag, Herr Ickert, der Robert hat mir ja auf den Anrufbeantworter gesprochen, dass er mich um 11 Uhr zum Squash abholen will. Er scheint ja ein guter Freund zu sein und Zeit zu haben. Also rufe ich ihn an und bitte ihn, mit meinem Auto zum TÜV zu fahren. Den Schlüssel kann er sich bei meiner Nachbarin abholen, die mir ja die Notiz hinterlassen hat, dass sie noch Futter für die Katzen braucht, um die sie sich immer so gerne kümmert, wenn ich in den Urlaub fahre. Wenn sie freien Zugang zu meiner Wohnung hat, kann sie sicher auch die Handwerker reinlassen, damit die den Wasserschaden beheben können. Da der Brief für die Versicherung noch auf dem Küchentisch liegt, kann Robert ihn gleich mitnehmen und einstecken, wenn er sich die Autoschlüssel rausholt. Den Termin mit Dr. Hirschfeld..."

Es dauerte keine sieben Minuten und alles war organisiert. Ich war tief beeindruckt und stellte wieder einmal fest: Frauen sind einfach viel besser als Männer, wenn es darum geht, Beziehungen herzustellen.

Jetzt gibt mir Victoria in unserem Telefonat einen kurzen Überblick über das geplante Programm der Jubiläumstagung. Prof. Jan Teunen wird die Tagung eröffnen. Darüber freue ich mich besonders, weil ich ein großer Bewunderer seiner Philosophie und spirituellen Arbeit in der Konzernwelt bin. Das Highlight wird aber der Trancetanz werden. Victoria erklärt mir kurz, worum es dabei geht, und dass es eine spannende Möglichkeit sei, innere Bilder zu visualisieren. Der Gedanke daran elektrisiert mich sofort. Ich spüre, dass es eine Möglichkeit für mich werden könnte, das erste Mal in meinem Leben überhaupt einen Zugang zu meinen inneren Bildern zu bekommen.

Ich habe schon so oft andere Menschen beneidet, die während einer Meditation Engel und Einhörner sahen oder mit einem Phönix durch die Luft flogen. Wenn ich meditiere, kommt nichts. Gar nichts. Ich bekomme nicht mal die verflixte grüne Wiese am Anfang hin. Dabei bin ich doch sonst ein visueller Mensch! In Kundengesprächen sehe ich Lösungen sofort als Bilder und kann sie auch skizzieren. Aber scheinbar unterscheidet mein Gehirn, ob ich innere Bilder für Kunden oder für mich selbst empfangen will. Die Hoffnung, dass dieses Mal alles besser werden wird, liegt in der Kombination von Trance und Tanzen. In den Neunzigern war ich mit Olaf jedes Wochenende auf einem Rave und habe ganze Nächte durchgetanzt. Ich kann mich zwar nicht mehr daran erinnern, ob ich dabei Bilder empfangen habe, aber wie viel Spaß mir das gemacht hat, weiß ich noch sehr genau. Zur Vorbereitung für die Trance auf der Tagung suche ich mir auf Spotify ein paar Tranceklassiker raus und erstelle mir eine Playlist für die Zugfahrt. „Dreams" von Quench aus dem Jahr 1993 gehört zu meinen absoluten Lieblingsstücken, und ich kann es kaum erwarten, zu den Glockenklängen neben meinem Einhorn auf der grünen Wiese zu stehen, um dann mit einem brennenden Phönix um die Wette zu fliegen.

Zwei Tage später stehe ich mit gepacktem Koffer und jeder Menge Vorfreude am Bahnhof. Ich gehe in Gedanken durch, ob ich nichts vergessen habe und taste dabei meine Jacken- und Hosentaschen ab. Schlüssel – Check. Portemonnaie – Check. Handy – äh...Handy? Fuck! Jetzt empfange ich ein eindeutiges und ebenso erschreckendes Bild: Es zeigt mein Handy mit eingestöpseltem Ladekabel auf dem Küchentresen! Ich wollte es nur noch kurz aufladen, solange ich die letzen Sachen zusammensuche ... In fünf Minuten fährt der Zug. Ich überlege kurz, ob ich wieder nach Hause fahre, mein Handy hole und einen Zug später nehme. Das würde bedeuten, dass alle meine Reservierungen verfallen und ich es vermutlich nicht rechtzeitig zur Eröffnung schaffe. Ich entscheide mich dafür, bereit für eine völlig neue Erfahrung zu sein und steige ein.

KAPITEL 27

Holla, holla, holla.

Als der Zug langsam anrollt, merke ich einen Anflug von Panik, die mitten in der Brust beginnt und sich über den ganzen Körper entlädt: Ich kann doch nicht ohne Handy losfahren! Ich wäre drei Tage nicht erreichbar! Und wie soll ich überhaupt den Veranstaltungsort ohne Google Maps finden? Und meine Playlist, an der ich gestern stundenlang gebastelt habe, kann ich auch nicht hören! Ich bin drauf und dran, an der nächsten Station wieder auszusteigen, als sich Mano in meinem Ohr meldet: „Ich sag nur FORDEC!" Recht hat er. Erstmal Ruhe bewahren. Ich gehe jeden einzelnen Schritt durch und höre am Ende auch auf mein Bauchgefühl. Es sagt mir eindeutig, dass ich nicht von diesem Ding, das zuhause an der Ladestation hängt, abhängig bin. Ich schreibe Alice gleich mit meinem Laptop eine Mail. Jack und Ebba informiere ich auch, und was den Weg angeht, so frage ich mich einfach durch. Wie früher.

In Berlin entscheide ich mich dann aber doch für die sicherere Variante und nehme ein Taxi. Der Veranstaltungsort ist ein modernisiertes Industriegelände und hat wirklich Charme. Zielstrebig suche ich die Bar, in der Hoffnung, Florian dort zu finden, den ich als Begleitung angemeldet habe. Er ist zwar kein Vereinsmitglied, aber Victoria meinte, das ginge in Ordnung.

Tatsächlich steht Florian bereits mit einem Bier an der Bar. Und mit Markus, den ich aus ein paar Projekten kenne, die er für die AGD während meiner Vorstandszeit gestaltet hat.

„Ihr kennt euch?“, frage ich neugierig und erfahre, dass beide mal zusammen in einer Berliner Werbeagentur gearbeitet haben.

Wir schlendern gemeinsam in den Vortragssaal, wo Victoria schon auf der Bühne einen schnellen Technikcheck macht. Dann höre ich auch schon den Gong, und das Gewusel im Raum wird leiser.

„Design ist eine soziale Verantwortung“, sagt Victoria ins Mikrophon und eröffnet damit die Jubiläumstagung. Sie macht eine kurze Zeitreise zurück ins Jahr 1919 und erklärt, dass das diesjährige Motto der sozialen Verantwortung ein Grundwert bei der Bauhaus-Gründung war. Dann reitet sie im Galopp durch die Geschichte des Berufsverbandes und betont dabei immer wieder den familiären Spirit in der AGD. Zum Schluss zeigt sie einen Facebook-Post, auf dem ein Wolfsrudel zu sehen ist, das durch eine Schneelandschaft wandert.

„Das Bild kenne ich“, flüstere ich Florian ins Ohr. „Ganz vorn laufen die Alten oder Schwachen, und der Wolf ganz hinten, das ist der Leitwolf. Der hat alles im Blick und steuert das Rudel aus der letzten Reihe. Faszinierend, oder?“

Victoria blendet den Text zum Bild ein, und er beschreibt genau das, was ich Florian gerade ins Ohr geflüstert habe. Mein Gedächtnis funktioniert also noch einwandfrei, stelle ich beruhigt fest.

„Wir alle haben als Designer eine soziale Verantwortung“, propagiert Victoria, „und die gilt für das Bild genauso wie für das Wort. Wir müssen lernen, diese Verantwortung wahrhaftig anzunehmen und als leuchtende Vorbilder auch zu leben. Besonders in den sozialen Medien müssen wir dabei immer hellwach sein. Dieses Foto eines Wolfsrudels zum Beispiel ist echt. Fotografiert hat es Dr. Chadden Hunter für die BBC. Der Text, den Sie hier lesen können, ist allerdings ein Fake. Es mag gut sein, dass er ihrem Verstand gefällt, weil sich das hier beschriebene Verhalten der Wölfe so klug und logisch anhört. Es hat aber nichts mit der Wahrheit zu tun."

Hat es nicht?, durchfährt es mich.

„Es entspricht nicht der Wahrheit, dass vorne die schwachen und kränklichen Wölfe laufen", erklärt Victoria, und Florian guckt mich mit einem überheblichen Grinsen von der Seite an.

„Ach was!", sagt er mit gespielter Empörung. Ich rutsche etwas tiefer in meinem Stuhl.

„Und es entspricht erst recht nicht der Wahrheit, dass der Alpha-Wolf von ganz hinten das Rudel kontrolliert", sagt Victoria.

Oh je, wie peinlich, denke ich. Ich habe diese Geschichte schon so vielen Menschen erzählt, weil sie mich so fasziniert hat. Dabei war sie nur ein Fake! Wer macht so etwas? Und vor allem warum?

„Dieses Bild habe ich aber nicht nur ausgesucht, weil der Wolf ein wundervolles Symbol für den Zusammenhalt einer Familie ist", führt Victoria weiter aus, „sondern auch, weil es zeigt, wozu wir weiblichen Wesen fähig sind. Der Wolf, der hier an der Spitze die Familie in das Jagdgebiet führt und im Schnee seine Spuren hinterlässt, damit das Rudel beim Folgen weniger Energie aufbringen muss, ist ein weiblicher Wolf."

„Holla, holla, holla," flüstert Florian mir ins Ohr. „Die hat aber ganz schön Haare auf den Zähnen."

„Was ist das denn für ein scheiß Machospruch!", fahre ich ihn sauer an.

„Holla", sagt Florian. „Da ist aber jemand angepisst."

„Die Welt braucht mehr Weisheit", fährt Victoria fort, als der Applaus abnimmt. „Weisheit entsteht durch Rationalität, Sozialität und Emotionalität. Begrüßen Sie gemeinsam mit mir den führenden Experten für diesen Dreiklang: Professor Jan Teunen."

Meine schlechte Laune verschwindet mit jedem Schritt, den Teunen auf der Bühne macht. Die schwarze, kreisrunde Hornbrille ist das Markenzeichen des holländischen Design-Botschafters. Ebenso die Fliege, die er heute im schlichten Schwarz zum eleganten Anzug trägt. Ich habe schon viel über seine Arbeit gelesen und bewundere ihn für sein Zusammenspiel aus hochklassigem Design und tiefgründiger Philosophie. Seine Werkschau *Souvenirs - 30 Jahre wirksame Kommunikation* ist eines der schönsten und inspirierendsten Bücher in meiner Sammlung. Voller Vorfreude auf seinen Vortrag stimme ich in das kollektive Klatschen ein und vertreibe damit auch den letzten Rest der negativen Energie in mir.

„Herr Teunen, Sie sagten mir gerade hinter der Bühne, dass soziale Verantwortung auch bedeutet, das Haus neu zu ordnen. Haben Sie einen Tipp für mich, wie ich unsere Allianz nach diesem Jubiläum neu ordnen kann?"

„Ich bin mir sehr sicher, dass Sie von einem alten Alpha-Wolf keine Tipps brauchen", antwortet Teunen charmant. „Vertrauen Sie einfach der Reinheit Ihrer weiblichen Intuition!" Dann wendet er sich dem Publikum zu. Es folgt eine faszinierende Keynote über Kunst, Unternehmenswerte und moderne Spiritualität. Ich nehme mir vor, Teunen später unbedingt persönlich kennenzulernen. Florian hingegen findet den Vortrag zwar ganz unterhaltsam, kann aber „mit diesen ganzen Kalenderweisheiten", wie er sagt, nichts anfangen.

Als ich in der Pause sehe, wie Victoria mit Professor Teunen redet, stehe ich auf und gehe auf sie zu.

„Oh, Herr Teunen, darf ich Ihnen meinen Lieblingsvorsitzenden vorstellen“, öffnet Victoria die Runde für mich, und wir kommen alle zusammen ins Gespräch. Es entfacht sich schnell ein leidenschaftliches Gespräch über die Verantwortung von Kulturschaffenden, die Menschen zu guten Taten anzustiften. Viel zu schnell läutet der Gong die zweite Hälfte des Abends ein. Professor Teunen gibt mir seine Visitenkarte und lädt mich ein, ihn im *T-Haus* von Schloss Johannesberg zu besuchen. Glücklich setze ich mich wieder zu Florian und Markus, die sich gerade angeregt über Musik unterhalten.

„Design ist eine soziale Verantwortung“, beginnt Victoria die Anmoderation des zweiten Vortrags. „Allerdings muss die Zeit auch reif dafür sein. Vor über zehn Jahren haben wir unter der Führung meines Lieblingsvorsitzenden...“ Victoria hält inne und lässt ihren Blick suchend durch das Publikum schweifen: „Er ist übrigens heute auch hier – wo steckst du denn? Steh doch mal auf.“

Ich möchte auf der Stelle im Boden versinken.

„Hey, ich glaube, die Frau mit den Haaren auf den Zähnen hat dich gemeint“. Florian stößt mir lachend den Ellenbogen in die Rippen.

„Du bist so ein Arsch“, raunze ich wütend zurück und stehe widerwillig auf.

„Erinnerst du dich noch an unser Projekt *Design macht Schule?*“, fragt mich Victoria über die Köpfe der Anwesenden hinweg.

Und ob ich mich daran erinnere. Das Projekt war ein Herzenswerk von mir. Ich hatte die Vision, mehr Kreativität in die Schulen zu bringen. Darum hatten wir im Verband dazu aufgerufen, dass Designer mit Lehrern zusammen eine Projektwoche gestalten. Ziel war es, daraus ein Toolkit zu entwickeln, das man wiederum anderen Schulen anbieten kann. Leider ist es nie dazu gekommen, weil uns das Projekt auf der Mitgliederversammlung komplett um die Ohren gehauen wurde. Die anderen hatten nicht verstanden, warum wir für so etwas Geld ausgeben wollten.

„Sorge lieber dafür, dass der Begriff *Designer* geschützt wird, damit nicht jede Nageltussi sagen darf, dass sie Nail-Designerin ist", hat mich ein Mitglied nach unserem Vorstandsbericht angeschrien. Ich war damals so frustriert, dass ich am liebsten mein Amt hingeschmissen hätte. Wie könnte ich diesen Tiefpunkt in meinem Leben jemals vergessen?

„Ich erinnere mich sehr gut daran!", rufe ich Victoria zu, die mir daraufhin freundlich zunickt und sich wieder ans Publikum wendet.

„Wir waren damals mit unserer Idee leider der Zeit zu weit voraus. Darum bin ich jetzt umso dankbarer, dass die beiden nächsten Referentinnen die Verantwortung übernommen haben. Und das viel konsequenter und charmanter, als wir es je hätten tun können. Begrüßen Sie mit mir Rieke und Lilly van Moof."

Die holländischen Zwillinge sprühen nur so vor Leichtigkeit und Kreativität, als sie auf die Bühne tanzen, während ich mich schwer in den Stuhl zurückfallen lasse. Dann stellen die beiden Designerinnen das Konzept einer kleinen Grundschule mitten in Groningen vor, welches einzig und allein darauf ausgerichtet ist, die co-kreativen Fähigkeiten der Kinder zu fördern. Es gibt weder Zeugnisse noch Klassenarbeiten. Es gibt ausschließlich Projekte, die gemeinsam erarbeitet werden.

Die beiden sind Feuer und Flamme für das Konzept ihrer Schule und entzünden mit ihren Beispielen den ganzen Saal. Als sie die Bilder von den Ideen zeigen, mit denen es die Kinder geschafft haben, die Lebensqualität in einem Seniorenheim sichtbar zu verbessern, kommen mir fast die Tränen. Ich verspüre zum ersten Mal in meinem Leben den Wunsch, noch einmal zur Schule gehen zu dürfen.

KAPITEL 28

Luftschaft, Schacht, Schaft, äh, Lustschacht.

„Weißt du noch, als du die Eröffnungsrede in der niedersächsischen Landesvertretung halten musstest?“, fragt mich Sabine und lacht. Ich sitze mit ihr und ein paar anderen Kollegen aus meiner Vorstandszeit im Café beim Frühstück. Während die Serviererin Brötchen, Marmelade und Kaffee auf den Tisch stellt, tischen wir alte Geschichten auf.

„Du hattest doch dieses Bild von Marilyn Monroe gezeigt, wie sie ihren Rock festhält, weil er durch den Luftzug nach oben weht, oder?“, fragt Jan-Peter.

„Ich habe es nicht gezeigt. Ich habe es in Worten beschrieben und wollte damit beweisen, dass alle im Raum ein fotografisches Gedächtnis haben und es selbst auf die schwarze Leinwand projizieren können. Ich habe dann wohl anstatt Luftschacht aus Versehen Luftschaft gesagt.“

„Und dann ist Florian Fischer mitten in deinem Vortrag aufgestanden und sagte: ‚Entschuldigen Sie bitte, Herr Jacobs, aber es heißt Luftschacht‘.“ Peggy prustet los.

„Das war wie bei Loriot“, sagt Sabine und äfft den Störer mit einer zugegebenermaßen sehr gelungenen Loriot-Parodie nach: „Herr Jacobs, Sie sagten Luftschaft. Das ist falsch. Richtig heißen muss es: Luftschacht. Ein Schaft, Herr Jacobs, ist ein Phallus. Ein Schacht, Herr Jacobs, ein senkrechter Hohlraum. In diesem Falle ist nicht der Phallus, sondern der Hohlraum die korrekte Bezeichnung für den Ort, in dem die heiße Luft entweichen darf.“

„Es war so schrecklich", erinnere ich mich schmerzhaft. „Ich habe bestimmt fünf Minuten lang nur rumgestottert. Luftschaft, Schacht, Schaft, äh, Lustschacht, nein Schaft, Schacht. Es war so grausam. Ich habe dieses beschissene Wort einfach nicht hinbekommen. Alle im Publikum haben sich kaputtgelacht. Seitdem habe ich echt Panik davor, vor Publikum zu reden."

Alle lachen ausgelassen über diese peinliche Erinnerung, bis Torsten uns daran erinnert, dass wir aufbrechen müssen, weil der erste Vortrag gleich beginnt. Der eigentliche Referent sei krank geworden, erzählt er, und dass Victoria einen Überraschungsgast besorgt habe. Er sei gespannt, wer das sein werde.

Florian und Markus haben mir einen Platz freigehalten. Ich setze mich zu ihnen und sehe, wie Victoria die Bühne betritt.

„Soziale Verantwortung bedeutet auch, spontan einzuspringen, wenn jemand krank wird", sagt sie. „Darum werden wir jetzt einen Klassiker zum Jubiläum hören. Bitte begrüßen Sie mit mir unseren heutigen Überraschungsgast."

Ach du Scheiße! Wieso zeigt sie denn jetzt auf mich? Haben meine ehemaligen Vorstandskollegen das eingefädelt? Soll ich etwa noch mal den Luftschacht zum Besten geben? War das der angekündigte Klassiker?

Widerwillig erhebe ich mich und will gerade in Richtung Bühne gehen, als ich merke, dass Markus neben mir ebenfalls aufsteht. Er dreht sich zum Publikum um, verneigt sich und geht auf die Bühne. Ich bleibe stehen und muss wie ein Hornochse aussehen.

„Herzlich Willkommen, Markus Büsges", kündigt Victoria den neuen Redner an.

„Freuen Sie sich auf einen Schulterblick hinter die Kulissen eines einzigartigen Gesellschaftsmagazins!".

Als Markus auf der Bühne steht, wendet sie sich direkt an ihn und sagt: „Du erzähltest mir gestern Abend, dass die soziale Verantwortung bei diesem Projekt für dich als Designer besonders groß war. Kannst du erklären, wie du das gemeint hast?"

Markus nimmt das Mikrophon. „Jedes Mal neu, jedes Mal anders – das ist das Versprechen der Zeitschrift *Dummy*. Daher gibt es jede Ausgabe ein neues Thema, neue Designer und neue Autoren. Diese immer wieder neue kreative Melange macht die *Dummy* zu etwas ganz Besonderem im Zeitschriftenregal."

Markus erzählt, wie Oliver Gehrs, Gründer und Herausgeber der *Dummy*, in der ersten Redaktionssitzung sagte: „Liefert mir Geschichten, die ich noch nie gehört habe. Zeigt mir Bilder, die ich noch nie gesehen habe. Macht daraus ein Magazin, das für die Menschen da draußen ein neues Erlebnis ist."

Die Herausforderung war also groß, als Markus mit seinem Kollegen Björn Wolf die Verantwortung für die *Dummy*-Ausgabe zum Thema Berlin annahm.

„Wir waren uns sicher, dass Berlin ein total geiles Thema ist", erinnert sich Markus. „Es gibt so unglaublich viel zu sagen und zu zeigen. Wir hatten sofort Fotoserien von Hipstern in Clubs und von Punks am Alex im Kopf. Dann recherchierten wir, was es schon alles zum Thema Berlin gibt."

Markus berichtet, dass er in dieser Phase wie ein Schwamm alles aufsaugt, was er zum Thema finden kann. Es gibt kein Wichtig oder Unwichtig, kein Richtig oder Falsch.

„Die Neugier steht an erster Stellen des Problems, das gelöst werden will", zitiert er Galileo Galilei. Ich muss an die Orakelkarte mit dem Kind denken, die ich vor ein paar Wochen zog. Neugier ist ein guter Verbündeter.

„Doch irgendwann mussten wir feststellen, dass bereits alles über Berlin gesagt und gezeigt worden war. Diese Erkenntnis war für uns sehr frustrierend", erzählt Markus, „aber wir machten weiter und gingen tiefer ins Detail. Wir waren wie Detektive. Denn man weiß nie, welche winzige Information am Ende für den ausschlaggebenden Impuls entscheidend ist."

Dann erzählt er, dass sie mehr oder weniger durch eine Randerscheinung über einen Künstler gestolpert sind, der all ihre aufgestaute Kreativität entladen hat: Edward B. Gordon. Zum Zeitpunkt ihrer Recherche war Gordon ein relativ unbekannter Künstler, der jeden Tag ein Ölbild von Berlin malte – nicht als Auftragsarbeit, sondern nur zum Zweck der Selbstmotivation.

„Wir haben uns die Bilder angesehen. Es waren hunderte. Uns war schnell klar, dass wir irgendetwas über ihn oder mit ihm machen müssen, und plötzlich stand die verrückte Frage im Raum: Warum machen wir nicht das ganze Magazin nur mit Ölbildern? Das wäre doch mal total geil."

Andere konnten ihre Begeisterung allerdings nicht teilen. „Das geht doch nicht!", mussten sie sich anhören.

„Doch, das geht", wehrten die beiden sich, wussten aber selbst nicht genau, wie. Sie haben also weiter geforscht und alle Bilder gesichtet, sortiert und geordnet. Sie wollten sehen, ob es bereits Bilder gibt, die schon zu den ersten fertigen Geschichten im Magazin passten. Es gab sie. Dann erzählte Markus, dass sie die Idee hatten, das ganze Budget für Fotografie und Bildrechte in die Arbeiten von Edward B.

Gordon zu investieren. Sie hatten etwas Bammel, den Herausgeber Oliver Gehrs damit zu konfrontieren, der aber antwortete lässig: „Berlin hat es auf jeden Fall verdient, in Öl festgehalten zu werden."

Am Ende kamen 70 Prozent der Bilder im Magazin aus dem Fundus von Gordon und 30 Prozent musste der Maler neu anfertigen. Das bedeutete für ihn, fast einen Monat lang jeden Tag ein Bild für die Berlin-Ausgabe der *Dummy* zu malen. Es gab aber auch Bilder, wie etwa die Serie über Müllarbeiter, die das Team so gut fand, dass dafür extra ein neuer Artikel geschrieben wurde.

Die nächste große Herausforderung war dann, die vielen tollen Bilder auf den Seiten optimal wirken zu lassen.

„Die Lösung fanden wir im 18. Jahrhundert. Sie nennt sich Petersburger Hängung. Dabei werden möglichst viele Bilder möglichst nah beieinander angeordnet", erläutert Markus und schildert gleich das nächste Problem: Wie aber sollte der Titel aussehen?

„Bei einem Cover muss man sich schließlich für ein Motiv entscheiden. So verlangt es die Norm. Nur ein Motiv", betont Markus. „Ein Motiv, das alles aussagt und die Leser obendrein auch noch dazu motiviert, das Magazin in die Hand zu nehmen. Bei dieser Entscheidung haben wir uns im Team total in die Haare bekommen. Als es nach über 25 verschiedenen Titelentwürfen immer noch keine Einigung gab, habe ich soziale Verantwortung übernommen und entschieden: Okay, dann machen wir eben einen demokratischen Titel! Jeder durfte sich sein persönliches Lieblingsbild von Edward aussuchen und wir haben sie dann alle abgebildet. So entstand die Idee für das Cover mit Petersburger Hängung, mit dem wir es geschafft haben, den ganz besonderen Spirit der Berlin-Ausgabe einzufangen."

Ich bin begeistert und stehe jetzt gerne wieder auf. Diesmal gemeinsam mit allen anderen im Raum. Die Standing Ovations hat sich Markus für seinen spontanen Vortrag redlich verdient. Er hat auf wunderbare Art und Weise gezeigt, wie gute Ideen in der Praxis wirklich entstehen – dass Kreativität nämlich immer auch eine Suche ist, für die man Neugier, Mut und Durchsetzungskraft braucht, aber auch die Bereitschaft, persönliche Vorlieben loszulassen, um eine Lösung zu finden, die viel mehr ist als die Summe ihrer Teile.

KAPITEL 29

Was für ein geiles Gefühl!

Ich hatte mich die ganzen Tage auf das Tanzen und die inneren Bilder gefreut, aber jetzt muss ich ständig an den Luftschaft denken und höre das Brummen und Zischen der grinsenden Fratzen so laut wie nie zuvor. Dabei will ich doch heute Abend auf Einhörnern reiten und mit einem Phönix um die Wette fliegen – und nicht vor glotzenden Fratzen weglaufen. Ich ziehe mich auf mein Hotelzimmer zurück und versuche noch ein wenig zu schlafen. Vielleicht geht es mir danach besser.

Um 18 Uhr klingelt mein Wecker. Der Schlaf hat gut getan. Ich dusche in Ruhe und telefoniere über FaceTime mit Alice, bevor ich dann, wie Victoria uns empfohlen hat, in die Stille gehe. Damit ich wirklich nicht in Versuchung komme, mit irgendjemandem zu reden, entscheide ich mich dafür, zum Veranstaltungsort zu laufen statt zu fahren. Google sagt mir, dass ich 45 Minuten brauchen werde. Ich schreibe mir sicherheitshalber die Straßen auf, an denen ich abbiegen muss, und laufe los.

Die Berliner Abendluft tut gut. Ich stelle mir vor, wie Markus sich wohl gefühlt hat, als er durch Berlin gelaufen ist, um eine Geschichte zu entdecken, von der Chefredakteur Oliver Gehrs noch nie gehört hat. Mir fällt es jedenfalls gerade schwer, offen und neugierig die Umgebung zu erkunden, weil ich ständig an das große schwarze Paket denken muss, dass laut Alice für mich angekommen ist. Was da wohl drin sein könnte? Ich habe nichts bestellt.

Vermutlich ist es ein Brettspiel, das ich vor ein oder zwei

Jahren auf Kickstarter unterstützt habe und das jetzt endlich ausgeliefert wird.

Im Vorraum flackern ein paar Kerzen, und es riecht nach Weihrauch. Mir gefällt diese mystische und sehr kraftvolle Atmosphäre. Alle sind ganz mit sich selbst beschäftigt, keiner spricht. Pünktlich um halb neun öffnet sich die Doppeltür des Saals. Ich setze meine Augenbinde schon einmal halb auf und suche mir einen freien Platz in der Mitte, wo ich mich direkt auf dem Boden niederlasse. Ich bin so aufgeregt wie lange nicht mehr. Bitte, bitte, bitte, schicke ich ein paar Stoßgebete ans Universum, lass es funktionieren! Im selben Moment ärgere ich mich schon über meinen Wunsch, weil ich genau weiß, dass es so nichts werden wird. Ich verkrampfe ja jetzt schon, weil ich es so will. Loslassen, nicht erzwingen, loslassen, nicht erzwingen!, beschwöre ich mein System.

Die Geräusche im Raum werden leiser, mein Puls schneller. Dann höre ich Trommeln, erst leise, dann immer lauter, als würden sie sich aus der Ferne nähern. Als sie neben mir angekommen zu sein scheinen, richte ich mich auf und fange an, mich dem hypnotischen Rhythmus hinzugeben. Das Atmen um mich herum wird schwerer und lauter. Ich atme mit. Wann kommen denn jetzt die Bilder?, frage ich mich und ärgere mich sofort darüber.

„Sie kommen, wenn du bereit dafür bist", hat Alice gesagt. Sie kommen, wenn ich bereit dafür bin!, wiederhole ich für mich und bewege mich zu den Trommeln. Ich bin bereit!, sage ich mir und gebe mich ganz der Musik hin. Gleich lasse ich los, spüre ich hoffnungsvoll, als neben mir ein Typ plötzlich anfängt, laut aufzustöhnen. Was soll das denn jetzt! Ich will, dass Bilder kommen und nicht irgend so ein Typ neben mir!

Sein Stöhnen wird immer lauter. Jetzt fängt auf der anderen Seite von mir ein anderer an zu stöhnen. Was soll das denn jetzt? Können die Affen nicht ihre Klappe halten? Ich will hier in Ruhe tanzen und Bilder empfangen! In dem Moment hebt ein gewaltiges kollektives Stöhnen um mich herum an. Auch Frauen sind mit dabei und stöhnen voller Inbrunst mit. OHHHHH. AHHHHH. HUUUUUU. Habe ich hier irgendetwas verpasst oder falsch verstanden?, frage ich mich irritiert. OAHUUUAAAOOO. So habe ich mir das mit den Einhörnern nicht vorgestellt! Wütend überlege ich, den Quatsch hier abzubrechen. Am liebsten hätte ich meine Augenbinde demonstrativ auf den Boden geschmissen und in Bert Brummers Worten gebrüllt: „Ich bin doch hier nicht im Kindergarten!" Doch dann denke ich an Alice und was sie wohl in dieser Situation zu mir sagen würde. Sicher würde sie mich erst einmal fragen, wem es denn dienen würde, wenn ich jetzt alles hinschmeiße. Es würde natürlich niemandem dienen, im Gegenteil: Den anderen würde ich ihre Freude am Stöhnen nehmen und mir die Erfahrung, vielleicht doch noch mit einem Phönix zu fliegen. Ok. Ich atme tief ein. Dann würde mir Alice sicher raten, die Wut erstmal anzuerkennen und danach das zu tun, was wütende Menschen eben so tun. Rumbrüllen zum Beispiel – aber ohne jemandem dabei zu schaden, wird sie betonen. Ok. Ich atme tief aus. Dann sage ich mir: Ich bin wütend und ich tue jetzt das, was wütende Menschen eben so tun!

Ich richte mich auf und strecke meine Brust so weit raus, als wolle ich gleich wie ein Gorilla auf ihr trommeln. Stattdessen aber reiße ich meine Arme in die Luft und balle meine Fäuste so fest ich kann. Dann brülle ich. Aus Leibeskräften. Und dann passiert es: das für mich Unfassbare, das von mir so sehnlich Erhoffte – als ob jemand einen Schalter in mir umgelegt hat. Ich stehe plötzlich auf einer Empore, vor mir ein riesiges DJ-Pult. Unter mir sehe ich eine nackte, schwitzende Meute, die sich selbst mit langen Ruten geißelt und dabei rhythmisch stöhnt. OHHHH. AHHHH. Ich spüre eine unglaubliche Kraft, die durch meinen ganzen Körper fließt. HUUUUU. Wie ich diese kollektive Selbstkasteiung der armen Seelen unter mir genieße! Dann stelle ich fest, dass ich der Teufel persönlich bin und mit meinen Rhythmen die stöhnende Horde voll im Griff habe. Jetzt mische ich mit den feuerrot leuchtenden Reglern des Mischpultes ein wenig Brummen und Zischen dazu. Das schamanische Trommeln transformiert sich in fette elektronische Beats. Was für ein geiler Sound, was für eine geile Kulisse, was für ein geiles Gefühl! Ich habe alles unter Kontrolle und bin nun bereit, die Meute von ihren Qualen zu erlösen.

Ich nehme die wummernden Bässe raus und mixe ein paar sphärische Klänge unter. Daraufhin lösen sich ein paar nackte Körper aus der Masse und schweben nach oben, umhüllt von einem geheimnisvollen blauen Licht. Die sphärischen Klänge werden intensiver, schneller und im Klangbild höher. Immer mehr Körper schweben spiralförmig in den Himmel. Ich gucke nach oben und sehe einen riesengroßen Vollmond über uns. Es scheint, als wären wir mitten im Herzen eines Vulkans. Die friedliche Ruhe der schwebenden Körper wird jeden Moment vorbei sein, das kann ich deutlich spüren. Die Spannung ist kaum noch auszuhalten, als endlich wieder der wummernde Bass einsetzt. Im selben Augenblick zerplatzen die schimmernden Körper in bunte Farbwolken, die mich an das Holi Festival erinnern. Dann fliege ich in einer irren Geschwindigkeit durch den Farbnebel. In den Händen halte ich ein riesiges Lasergewehr. Ich wundere mich nicht darüber. Ganz im Gegenteil, ich scheine genau zu wissen, was ich da gerade tue. Dann schieße ich mit meinem Raketenanzug aus den Wolken und bin mitten in einer irrsinnigen Luftschlacht. Um mich herum explodiert alles. Riesige Kampfroboter fliegen um mich herum. Ein wildes Spektakel, Geschrei und Getöse, alles im Rhytmus der treibenden Beats. Ich fühle mich unbesiegbar.

Neben mir taucht plötzlich Babydoll aus dem Film *Sucker Punch* auf. Sie sieht fantastisch aus in ihrem schwarzen Kampfanzug und zwinkert mir zu. Dann beschleunigt sie mit einem gewaltigen Schub direkt auf einen Kampfrobotor zu und enthauptet ihn mit ihren beiden Katana-Schwertern. Bevor ich selbst in die abgefahrene Filmszene eingreifen kann, wechselt die Musik. Ein wundervolles Klavierstück ist nun zu hören. Die gefühlvolle Melodie saugt die ganze verrückte Szenerie wie ein schwarzes Loch in sich auf, und ich stehe wieder im Dunkeln. Ein Spot geht an. Ich sehe mich selbst und gehe langsam auf mich zu. Dann erkenne ich, dass ich noch ein kleiner Junge bin, und verschmelze mit ihm. Ich umarme mich selbst und fange bitterlich an zu weinen. Aus der Ferne höre ich wieder die Trommeln. Ein wundervoller Sternenhimmel geht auf und erleuchtet die Dunkelheit. Nach und nach tauchen die Silhouetten der anderen Teilnehmer im Raum auf. Ein Feuer beginnt in der Mitte zu lodern. Es wird immer größer, und wir tanzen wie amerikanische Ureinwohner darum herum. Ich gucke an mir runter und stelle fest, dass ich völlig nackt bin. Die riesige Lanze in meiner Hand stampfe ich im Takt der Trommeln auf den Boden. Ich spüre, dass um uns herum Kojoten, Schakale und Wölfe sitzen und uns beobachten. Sie passen auf uns auf und prüfen die wahre Absicht aller Teilnehmer.

Aus dem Augenwinkel bemerke ich, wie sich die Sterne am Horizont verdunkeln. Etwas Großes und Mächtiges scheint sich davor zu schieben. Ich fühle genau, was es ist. Dann sehe ich die riesigen Augen rot aufleuchten. Es ist einer der großen Alten, die schon H.P. Lovecraft in seinen Romanen beschworen hat. Ich habe aber keine Angst. Ganz im Gegenteil: Ich spüre, dass er gekommen ist, um über mich zu wachen. Glücklich und erfüllt setze ich mich wieder auf den Boden. Die Trommeln verstummen langsam, und auch das Stöhnen im Raum hat aufgehört. Ich höre nur noch vereinzeltes Schluchzen und Weinen. Was für ein Trip! Ich hätte nie im Leben gedacht, dass ich zu so einer bildgewaltigen Reise in der Lage bin. Das erste Mal in meinem Leben habe ich so richtig losgelassen.

KAPITEL 30

Vergesst eure gute Erziehung!

„Wie war denn der Tanzabend gestern?“, fragt Florian mit einem provozierenden Grinsen im Gesicht. Wir haben uns zum Frühstück verabredet und sitzen in dem Café, wo ich mich gestern schon mit meinen ehemaligen Vorstandskollegen getroffen habe.

„Da hast du echt was verpasst! Ich habe noch nie so ein wildes Gestöhne erlebt. Das war eine richtige Gruppenorgie, und ich hatte einen visuellen Orgasmus nach dem anderen“, antworte ich und versuche dabei genauso provozierend zurückzulächeln. Da ich genau weiß, dass er sich nur darüber lustig machen wird, wechsle ich das Thema. „Wie läuft es denn mit deinem Buch?“

Florian winkt ab. „Ach, ich habe es erstmal zur Seite gelegt.“

„Warum das denn? Du hast doch so begeistert daran gearbeitet.“

„Hab ich. Bis Olli zu mir sagte, dass es ja eine ganz nette Kurzgeschichte sei.“

„Weil er ‚nett‘ gesagt hat?“. Ich verstehe nicht. „Das ist für Ollis Verhältnisse doch ein fettes Kompliment gewesen.“

„Stimmt. Mich hat frustriert, dass es nur eine Kurzgeschichte ist.“

Ich verstehe noch immer nicht.

„Ich wollte einen Roman schreiben, keine Kurzgeschichte“, erklärt Florian. „27.000 Worte habe ich schon geschrieben, das sind knapp 100 Buchseiten. Ich dachte, das würde reichen, aber für einen Roman braucht man mindestens

50.000 Wörter. Das hat mich so frustriert, dass ich mein Manuskript erstmal in die Ecke geschmissen habe."

„Oh nein, bitte lass es nicht in der Schublade verschwinden. Ich will es unbedingt lesen. Mir ist eine gute Geschichte auf 100 Seiten sowieso viel lieber als eine schlechte auf 500. Vielleicht kannst du ein paar abgefahrene Illustrationen dazu machen? Ein Bilderbuch für Erwachsene, das würde mir sehr gefallen!"

Jetzt ist er es, der das Thema wechselt: „Wie hast du es eigentlich geschafft, die Professur zu bekommen? Musstest du mit den anderen Kandidaten in der Aula eine Aufnahmeprüfung machen, so wie wir damals?"

„Nein", antworte ich. „Das war wesentlich entspannter. Ich habe mich ganz normal beworben und bin zu einem Vorstellungsgespräch eingeladen worden. Fünf Bewerber gab es, soweit ich weiß. Ich glaube, mein großes Glück war, dass sich die neue Direktorin an diesem Tag den Arm gebrochen hatte und nicht dabei sein konnte."

„Wieso war das dein Glück?", fragt er mich erstaunt.

„Weil sie deswegen alle Kandidaten und Kandidatinnen zu einem persönlichen Gespräch eingeladen hatte, und das war echt abgefahren."

„Wieso war das abgefahren?", will Florian wissen, und ich sehe in seinen Augen, wie seine Fantasie mit ihm durchgeht.

„Das Gespräch sollte 45 Minuten dauern. Nach mir war noch ein Bewerber geladen. Es war ein sehr nettes Gespräch und wir waren auf den Punkt fertig. Beim Rausgehen entdeckte ich eine eingerahmte Illustration an der Wand. Ich erkannte sofort den Stil von Moebius, einem französischen Comiczeichner, und fragte sie, ob das eine Originalskizze aus seiner *John Difool*-Serie sei. Ich traf mit meiner Frage genau ins Schwarze, und es entfachte sich plötzlich ein leidenschaftliches Gespräch, zuerst über Comics, dann über Spiritualität. Und als wir beim Thema Tarot ankamen, war uns klar, dass wir das Gespräch an einem anderen Tag unbedingt vertiefen müssen. So sind aus geplanten 45 Minuten fast zwei Stunden geworden. Ich denke, dass ich der Wahrnehmung einer Randerscheinung meine Professur zu verdanken habe."

„Apropos Tarot, kannst du mir eigentlich mal die Karten legen?", fragt Florian leise. „Ich habe da gestern jemanden kennengelernt."

„Ja, klar, es gibt da eine tolle Legetechnik. Das Beziehungsspiel. Ich glaube, das wird dir gefallen."

Um halb zehn sind wir zurück auf der Tagung, die heute mit der *Members-Stage* beginnt: Die Bühne ist offen für alle Mitglieder, die etwas sagen wollen.

„Oh, da hinten sitzt Ines, die Frau von gestern Abend", sagt Florian, als wir den Saal betreten. „Wollen wir uns zu ihr setzen?"

Ines sitzt auf der anderen Seite des Saals in der vorletzten Reihe. Ihre fröhliche Ausstrahlung schenkt mir sofort eine wohltuende Portion Energie. Sie ist genau Florians Geschmack. Ihre wilden schwarzen Haare hat sie locker zu einem Haarknoten zusammengebunden. Auf der Nase reflektiert ein kleines Piercing das Deckenlicht, und an ihren Unterarmen blitzen unter den Ärmeln ein paar grafisch sehr schöne Tattoos hervor.

„I allow my Body and Mind to be at ease", steht auf ihrem schwarzen Longsleeve. Das Bildmotiv zeigt eine schlängelnde Schlange, deren Kopf zum Mittelpunkt einer strahlenden Sonne wird. Ein tolles mystisches Symbol, das in dieser

Kombination auf die universelle Wahrheit deutet, auch wenn sie manchmal unangenehm oder verboten ist.

Als ich mich setze, fällt mir auf, wie anders der Raum doch aus dieser Perspektive wirkt. Die ersten beiden Tage haben wir immer ganz vorn gesessen. Ich sollte öfter mal meine gewohnten Plätze wechseln, nehme ich mir vor. Torsten, der Vorstandsvorsitzende der AGD, betritt die Bühne und kündigt den ersten Impulsvortrag an. „Today. Tomorrow. Together." – so der Titel und es geht um eine neue Meeting-Kultur. Die beiden Referenten sind ein lustiges Paar. Irgendwie wirken sie wie Ernie und Bert oder besser gesagt: wie Spongebob und Taddhäus, wenn ich auf das Alter der beiden blicke.

„Schicken Sie Ihre Mitarbeiter lieber für zwei Stunden alleine in den Park, als alle zusammen in einen miefigen Besprechungsraum", fordern sie.

„Oder zu zweit in den Wald", flüstere ich Florian ins Ohr und denke dabei an die inspirierenden Spaziergänge mit Alice.

„Wir brauchen eine Meeting-Kultur, in der wir uns gegenseitig ermutigen und inspirieren", sagt der Bert von den beiden, und der Ernie ergänzt: „Die einzigen Fragen, die Sie sich dabei stellen müssen, sind: Welches Potenzial soll entfaltet werden..."

„...und welche Ressourcen stehen dabei zur Verfügung?", bringt Thaddäus den Satz zu Ende.

Am Ende ihres Vortrages stehen vier Punkte auf dem Flipchart: „rebellieren statt anpassen", „miteinander statt gegeneinander", „rumspinnen statt besserwissen" und „spielen statt arbeiten".

Als Nächstes betritt Oskar Weller die Bühne, ein Urgestein der AGD. Ich kenne keinen anderen Designer, der in den letzten Jahren so viele Awards gewonnen hat wie er.

„Schönheit ist die einzige Aufgabe von Design", begrüßt er das Publikum. Während alle anderen applaudieren, gehe ich in den Widerstand. Design ist doch so viel mehr! Design ist Strategie. Aufklärung. Orientierung. Identität. Wertzuwachs. Wirtschaftsfaktor. Warum nur Schönheit?

„Schönheit bändigt allen Zorn", sagt Weller auf der Bühne, als hätte er meine Gedanken gehört. „Dieses Zitat von Johann Wolfgang von Goethe lässt mich seit vielen Jahren nicht mehr los."

Dann fragt er das Publikum: „Kann Schönheit das wirklich schaffen? Testet es am besten selbst aus und schaut euch das nächste Mal etwas richtig Schönes an, wenn ihr zornig seid. Ein gutes Buch über Design zum Beispiel. Ihr könnt euch natürlich auch etwas Schönes anhören..."

Oder einen schönen Duft einatmen, vollende ich Wellers Satz in Gedanken und bin ganz bei ihm.

„Ich glaube, dass meine ganze Einstellung, meine ganze Leidenschaft und mein ganzer Mut in die Gestaltung eingehen und dann in der Schönheit für andere erkennbar sind", so Weller weiter. „Jedes Design, das ich erschaffe, spiegelt meine Seele wider. Die meisten Menschen werden davon nichts mitbekommen, weil die Schönheit nur mit ihrem Unterbewusstsein kommuniziert. Einige wenige jedoch – und ich bin mir sicher, dass hier einige davon sitzen – werden die Liebe, mit der ich erschaffe, bewusst wahrnehmen können."

Er verneigt sich und die Menge applaudiert. Auch ich verneige mich, zumindest so gut das im Sitzen geht, und denke, dass ich einer von diesen wenigen Menschen bin.

In dem nächsten Vortrag geht es um das Arbeiten ohne Auftraggeber. Eine junge Kollegin betritt die Bühne und nimmt sie mit ihrer zarten, aber sehr selbstbewussten Ausstrahlung voll ein.

„Vergesst eure gute Erziehung!“, eröffnet sie ihre Rede und hat mich damit sofort auf ihrer Seite. Sie erzählt, dass sie von ihren Eltern dazu erzogen wurde, nicht aus der Reihe zu tanzen, immer höflich um Erlaubnis zu bitten und die aufgetragenen Pflichten ohne Widerworte zu erfüllen. Raum für eigene Interessen gab es in ihrem Elternhaus wenig. Darum ist sie mit 16 von zu Hause ausgezogen und hat in Berlin eine Lehre als Theatermalerin angefangen.

„Ich hatte mich zwar räumlich und finanziell von meinen Eltern unabhängig gemacht, aber nicht seelisch. Und wie ich gerade von meinem Vorredner gelernt habe, spiegelt sich die ja in meiner Arbeit wider. Im Theater kannte kaum jemand meinen Namen, obwohl ich sieben Jahre hinter den Kulissen gearbeitet habe. Für die meisten Menschen in meinem Umfeld war ich unsichtbar. Das hat sich schlagartig geändert, als ich den Straßenkünstler Enrico Cortes kennenlernte und er in mir die wahre Künstlerin gesehen hat. Er hat mich inspiriert, nicht mehr nur die Bretter, die die Welt bedeuten, anzumalen, sondern auch die Wände dieser Welt.“

Sie zeigt ein paar beeindruckende Fotos von ihren Arbeiten.

„Jetzt kennen schon über 300.000 Menschen auf Instagram meinen Namen, und ich werde auf der ganzen Welt dazu eingeladen, das zu tun, was mir am meisten Spaß macht: mit Farbe in der Hand aus der Reihe zu tanzen.“

Ich muss an das Interview mit Loriot denken. „Wenn es einem selber richtig Spaß macht, sollte der Funke auch überspringen“, hatte der zu Karasek gesagt. Das ist hier definitiv der Fall. Das Publikum ist begeistert.

Beim Rausgehen treffe ich Victoria und frage sie, ob sie mir sagen kann, von wem das Klavierstück gestern Abend beim Trancetanz war. Sie verspricht, den DJ danach zu fragen und kann sich dabei ein breites Lächeln nicht verkneifen. Erst im Zug wird mir klar, dass Victoria als Veranstalterin die Aufgabe hatte, den Raum zu hüten, und das natürlich mit offenen Augen getan hat. Somit hat sie sicher beobachtet, wie ich mich selbst im Arm gehalten und dabei Rotz und Wasser geheult habe.

Zuhause finde ich das große Päckchen, von dem mir Alice erzählt hat, auf dem Tisch. Ich hatte es schon fast wieder vergessen. Vorsichtig ritze ich mit einer Schere das Paketband ein, öffne den Karton und...reiße die Augen auf. Mein Atem stockt und mir wird schwindelig. Ich setze mich hin und höre, wie mein Herz schlägt. Langsam richte ich mich wieder auf und blicke wieder in den Karton. Habe ich mich getäuscht? Nein, die Fratze des Teufels grinst mich an. Unter ihm quälen und peinigen sich düstere Gestalten. Es ist fast das gleiche Bild, das ich beim Trancetanz gesehen habe. Wie ist das möglich?

KAPITEL 31

Leben, Lieben und Arbeiten als eine kraftvolle Einheit.

Alles ist irgendwie miteinander verbunden, überlege ich, während ich im Auto zum Schloss Johannisberg fahre und sich das Bild des Teufels wieder in meinen Kopf schleicht. Es ziert den Deckel des Brettspiels, das ich vor über drei Jahren auf Kickstarter unterstützt hatte und das mir nun von den Spieleerfindern zugeschickt wurde. Die Regeln habe ich mir auch sofort interessiert durchgelesen. Irgendwie paradox: Auf der einen Seite hasse ich es, mich an Regeln halten zu müssen, auf der anderen Seite liebe ich es, Spielregeln zu lesen und diese zu befolgen.

Dann denke ich an die Redewendung, mit der ich Alice meine Reaktion auf das Teufelsbild beschrieben habe.

„Mir gefror das Blut in den Adern", habe ich gesagt.

Mir fällt auf, wie schön hier das Element Wasser mit der Gefühlswelt verbunden wird. Ich habe einmal gelesen, dass bei Panikattacken und Angstpatienten das Blut tatsächlich schneller gerinnt. Unser Fühlen und Denken hat unmittelbaren Einfluss auf die physische Welt. Wir erkennen das nicht immer, weil wir viel zu oft mit der Nase direkt vor dem Bild stehen und viel zu selten ein paar Schritte zurückgehen. Mit Abstand betrachtet ergibt sogar eine Flasche Sanostol auf dem Küchentisch einen Sinn.

„Vielen Unternehmen fehlt eine gesellschaftliche Orientierung und damit der höhere Sinn", hat Jan Teunen auf der

AGD-Tagung gesagt. „Und wenn der Sinn fehlt, fehlen auch Kraft und Energie."

Ich fahre durch das Tor zum Schloss, parke das Auto und genieße den fantastischen Ausblick auf das traditionsreiche Weingut. Was für ein perfekter Ort, um Unternehmen dabei zu helfen, sich zu kultivieren! Mit einem angenehmen Herzklopfen laufe ich auf den Ostpavillon des Schlosses zu und drücke auf die Klingel. Schon 1826 wurde dieser Teil des Schlosses zu Wohnzwecken umgebaut, seit den Siebzigern wohnen Mieke und Jan Teunen hier und haben den Pavillon in ihr *T-Haus* verwandelt. Professor Jan Teunen öffnet die Tür, und ich spüre sofort wieder die warme Freundlichkeit, die ich schon auf der Tagung so angenehm empfunden habe. „Herzlich Willkommen im *T-Haus* von Schloss Johannisberg. Hatten Sie eine gute Fahrt?"

Schon im Flur komme ich aus dem Staunen nicht heraus. Überall Kunst. Bilder, Skulpturen, Möbel, Lampen...

„Für mich ist Kunst eine Horizonterweiterung", sagt Teunen, als er meinen offenen Mund sieht. „Kunst ist eine ungeheure Inspirationsquelle, von der ich nicht genug bekommen kann."

Dann führt er mich in ein Besprechungszimmer. Neugierig gehen meine Augen auf Entdeckungsreise. Auf einem Sideboard entdecke ich das Buch *Kabbalah in der Kunst und Architektur*. Ich frage mich sofort, ob es nicht eine spannende Inspirationsquelle für meine Trilogie ist und mache mir in Gedanken eine Notiz, später danach zu googeln.

„Ich kümmere mich um die Dinge, die nicht in den Bilanzen stehen", sagt Teunen, als ich ihn nach seiner Verantwortung in Designprozessen frage. „Und das tue ich immer in Gemeinschaft mit Philosophen, Textern und Designern. Der Philosoph hilft mir dabei, die Frage nach dem ‚Warum' zu beleuchten. Mit dem Texter zusammen erweisen wir der Gemeinschaft den Dienst, verständliche Antworten zu formulieren, und der Designer im Bunde macht dann die Seele des Ganzen sichtbar, in aller Einfachheit und Schönheit. Genau das ist unser Anliegen: Die Seele des Unternehmens sichtbar zu machen."

„Dann sind Sie sicher mit Oskar Weller einer Meinung, dass jedes Design die Seele des Erschaffers widerspiegelt?"

„Ja, das bin ich. Darum ist es auch so wichtig, alles mit einer guten Absicht zu tun. Nur dann entsteht wahre Schönheit und kann als sinnliche Wahrnehmung bei anderen ebenfalls den Impuls setzen, kreativ zu werden. Schönheit bringt Menschen in eine gute Stimmung, sagt ein guter Freund von mir immer."

„Das kann ich bestätigen", pflichte ich ihm bei. „Seitdem ich hier sitze und auf die ganze Schönheit um mich herum blicke, sind mir schon tausend neue Ideen gekommen."

Er guckt mich freundlich durch seine schwarze, runde Brille an.

„Darum ist es auch mein Anliegen, mehr Kunst in die Unternehmen zu bringen, um Räume zu schaffen, in denen Mitarbeiter inspiriert und motiviert werden."

Ich muss an Dr. Bert Brummer und seinen Ernie-Raum denken.

„Neben Schönheit fehlt vielen Unternehmen aber auch ausreichend Raum für Ruhe", sage ich und habe sofort den Ruhe-Duft von Alice in der Nase, der gerade mein ständiger Begleiter ist.

„Ruhe ist ein entscheidender Faktor für die Kreativität. Denn nur in Ruhephasen kann sich das Gehirn richtig regenerieren", sagt Teunen. „Wenn man ständig nur herumrennt und die geistige Erholung nicht pflegt, dann trocknet die rechte Gehirnhälfte aus. Dann verlieren wir einen Teil unserer Emotionalität und Intuition. Wir können also nicht mehr kreativ sein. Und wenn wir nicht mehr kreativ sind, dann sind wir auch keine richtigen Menschen mehr. Im Moment haben wir zum Beispiel eine Phase, in der wir total durchgetaktet sind, und ich merke, wie sehr mir diese Regeneration fehlt.

Kreation braucht auch immer Re-Kreation. Für mich bedeutet Re-Kreation, den unterschiedlichsten Menschen zu begegnen und mich neugierig und offen mit ihnen zu unterhalten. Dabei liebe ich es, wenn sie nichts mit meiner Arbeit zu tun haben. Ich liebe es auch, in Buchhandlungen rumzustöbern oder in meiner eigenen Bibliothek zu sitzen. Ich liebe es, in den Ateliers der Künstler zu sein und von ihnen zu lernen, oder meine eigene Kunstsammlung zu betrachten und dabei zu träumen. Und ich liebe es, wenigstens eine Stunde am Tag in der Natur spazieren zu gehen. Diese kurzen Erholungsphasen sind wichtig für mich, und ich praktiziere sie eigentlich jeden Tag. Früher habe ich auch meditiert, das habe ich leider aus den Augen verloren. Die Sehnsucht, da wieder hinzukommen, ist aber sehr groß. Ich weiß einfach, wie segensreich die Wirkung ist."

„Das kann ich gut verstehen", sage ich. „Meditation ist eine Kraft- und Inspirationsquelle, die auch ich viel zu lange in meinem Leben vernachlässigt habe. Zum Glück habe ich gerade durch die Kombination mit Musik einen völlig neuen Zugang dazu bekommen."

Ich nehme einen Schluck Kaffee und schaue mich im Raum um. „Schönheit und Ruhe sind also wichtige Zutaten für Kreativität. Steht noch etwas in Ihrem Erfolgsrezept?", frage ich.

„Oh ja, das Wichtigste überhaupt", beginnt er mit einem Funkeln in den Augen, „das ist meine Frau. Sie ist meine größte Kraft- und Inspirationsquelle und wir achten sehr darauf, dass unser Leben, Lieben und Arbeiten eine Einheit bilden. Wir trennen diese Bereiche nicht voneinander. Das ist für uns die Idealform des Lebens und die optimale Voraussetzung für unser kreatives Wirken. Die positive Kraft, die wir aus unserem Lebensmodell ziehen, ist sehr viel stärker als jedes Durchgetaktetsein."

Leben, Lieben und Arbeiten als eine kraftvolle Einheit. Das ist wie bei uns, denke ich glücklich, als ich ins Auto steige. Ich rufe Alice an und sage ihr, dass ich mich auf den Heimweg mache. Auf der Autobahn fängt mein Ernie plötzlich an zu philosophieren, während Bert sich auf die Straße konzentrieren muss.

„Warum regnet es eigentlich?", fragt Ernie mich mit der Stimme meines Sohnes, und ich erinnere mich wieder an die reale Situation, als Jack mich das fragte. Da muss er vier oder fünf Jahre alt gewesen sein. Zum Glück hatte ich gerade das Buch *Die kleinen Philosophen* von Eva Zoller gelesen. Sonst hätte ich ihm wahrscheinlich erklärt, wie das Wasser auf dem Meer verdunstet, dann in die Atmosphäre aufsteigt und als Regen wieder runterkommt. So, wie mein langweiliger Erdkundelehrer immer alles langweilig erklärt hat. Den hatte ich übrigens in der zehnten Klasse bei jeder Gelegenheit spüren lassen, was ich von ihm und seinen Unterrichtsmethoden hielt, denn ich hatte ja nichts zu verlieren – nach dem Halbjahr würde ich die Schule wechseln. Ich ahnte ja nicht, dass er ebenfalls wechseln wollte, und ich am ersten Tag in der neuen Schule gleich in der ersten Stunde wieder bei ihm im Unterricht sitzen würde. Das war damals meine erste Begegnung mit Karma. Meinem Sohn habe ich jedenfalls den langweiligen Vortrag über den Wasserkreislauf erspart und stattdessen zurückgefragt: „Warum glaubst du denn, dass es regnet?"

Beim Philosophieren mit Kindern geht es nämlich darum, ihnen durch geschicktes Fragen dabei zu helfen, die Welt mit eigenen Augen zu entdecken, anstatt einfach nur vorgefertigtes Wissen einzutrichtern.

„Weil die Blumen Wasser brauchen", antwortete Jack. Kinder wollen keine Fakten wissen, sondern den Sinn verstehen. Wissen und Verstehen – das ist ein großer Unterschied. Ich kenne viele Menschen, die sehr, sehr viel wissen und nur wenig verstehen. In Gedanken schreibe ich „Wissen" unter die Bert-Skizze und „Verstehen" unter das Bild von Ernie.

Eigentlich könnte ich noch die drei philosophischen Grundfragen in meinen Vortrag einbauen, überlege ich. Wie waren sie noch gleich? Bei der ersten Frage ging es, glaube ich, um Gemeinsamkeit: Warum ist ein Ding ein Ding? Dieses Spiel habe ich oft in meinen Workshops gespielt. Warum ist eine Website eine Website? Die Teilnehmer mussten dann alle Merkmale aufzählen, die eine Website ausmachen: Menü, Impressum, Buttons, Startseite, und so weiter.

Mit dieser Frage legt man die Norm fest, und mit der zweiten Frage sucht man gezielt nach Abweichungen: Ist das bei allen Websites so? Wer kann eine Ausnahme von der Regel bestätigen?

Die dritte Frage ist dann die eigentliche kreative Herausforderung: Was, wenn es anders wäre? Jetzt geht es darum, die aufgestellten Regeln und notierten Details der Norm wegzulassen, auszutauschen oder zu verändern. An dieser

Stelle hatte ich den Teilnehmern immer einen Spickzettel mit der Osbornes-Checkliste geschenkt. Die Karte mit den neun verschiedenen Denkrichtungen hat immer gut funktioniert und ich glaube, der Vortrag ist eine gute Gelegenheit, sie wieder aufleben zu lassen.

Wie hat es Herr Teunen so schön formuliert: „Das Universum schenkt den Menschen nicht nur viele Ideen, sondern auch gute Gelegenheiten, um sie umzusetzen. Den Mut dafür muss allerdings jeder selbst aufbringen."

Das Bild des Teufels taucht wieder in meinen Gedanken auf und ich frage mich, welche Bedeutung die Karte noch mal im Tarot hat. Ich meine, sie steht für die Angst davor, das wahre Potenzial zu entfalten.

KAPITEL 32

FLOW - das Geheimnis des Glücks.

Eine Woche noch bis zum Vortrag. Ich sitze an meinem Schreibtisch und blicke auf alle Unterlagen, Notizen, Bilder und Skizzen, die ich in den letzten neun Monaten gesammelt habe. Ich gehe meinen Vortrag noch einmal Folie für Folie durch und gucke, ob ich an irgendeiner Stelle noch etwas verbessern kann. Auf der ersten Folie sieht man ein süßes Kind mit langen blonden Locken und roter Latzhose, das gerade mit einem *FeTab61* telefoniert. Mit diesem Bild will ich mich vorstellen. Weitere Höhepunkte meiner Kindheit folgen. Natürlich zeige ich auch den kleinen, schüchternen Indianer, der von den wilden Cowboys umzingelt wird. Ich schaue abwechselnd auf die Folien im Rechner und auf die Zettel vor mir und entdecke dabei eine Notiz zu der Manga-Ausstellung mit den großen Comicseiten. Wie wäre es, wenn ich aus den Kinderfotos einen Comic mache? Oder zumindest die Titelseite eines Comics? Die Idee gefällt mir gut, sehr gut sogar und ich nehme mir vor, mich gleich heute Abend an einen Entwurf zu setzen. Nach meinem Kurztrip in die Kindheit will ich meinem Publikum davon erzählen, warum die Welt aus dem Gleichgewicht geraten ist und welche Dämonen ich auf meiner Heldenreise besiegen musste.

Die erste dunkle Macht, die uns alle davon abhält, kreativ zu sein, hört auf den Namen Zeitdruck. Sie hat uns fest im Griff. Das Hinterhältige an dieser Macht ist, dass sie nie alleine kommt, sondern immer eine Horde von kleinen, fiesen Dämonen dabei hat. Es sind die berüchtigten Störungen, die uns ständig triezen und pieksen: hier ein klingelndes Telefon, dort ein fragender Kollege, laufend neue E-Mails im Posteingang, ab und zu ein wichtiger Eilauftrag und dann noch der ständige Zwang, in den sozialen Medien zu checken, was es Neues gibt. Selbst, wenn man das alles für einige Stunden in den Griff bekommt, erstarren wir immer wieder vor Angst, weil zu viele Aufgaben gleichzeitig darauf warten, von uns erledigt zu werden. Noch schlimmer ist es, wenn nur eine Aufgabe auf uns wartet, die aber dafür umso langweiliger ist. Besonders gespenstische Manifestationen dieser dunklen Kraft sind die vielen sinnlosen Meetings, die immer noch in vielen Unternehmen den Leuten Kraft rauben.

„Ich habe keine Zeit", höre ich oft von Freunden, wenn ich sie frage, warum sie ihre Ideen und Träume nicht umsetzen.

„Das tut mir sehr leid für dich", sage ich dann immer, denn ich weiß aus eigener Erfahrung, wie es sich anfühlt, wenn man so fremdbestimmt ist. Auch ich wurde dazu erzogen, zuerst die anderen zufrieden zu stellen, bevor ich mich um mein eigenes Glück kümmere. Leider waren die Menschen um mich herum immer nur ganz kurz zufrieden – zu kurz jedenfalls, als dass die verbleibende Zeit für die Verwirklichung meiner eigenen Träume gereicht hätte.

Das alles hat sich schlagartig mit einem Buch geändert, das ich im Jahr 1992 gelesen habe, als ich gerade meine Bankausbildung abgebrochen und ein Lehramtsstudium begonnen hatte. Diese für mich heilige Schrift trägt den Titel *FLOW - das Geheimnis des Glücks* und wurde von Mihaly Csikszentmihalyi geschrieben, den man *Mi-hei-Tschik-sant-mi-hei* ausspricht. Der ungarische Psychologe beschreibt darin das Gefühl der Hochstimmung und tiefen Freude, das man empfindet, wenn man bei seiner Tätigkeit vollständig eins mit sich und dem Leben ist. Dieses Gefühl kannte ich nur zu gut, hatte ich es doch schon oft am eigenen Leib erfahren. Zum Beispiel beim Zeichnen, wenn ich alles um mich herum vergaß, oder beim Handballspiel, wenn ich jeden Ball von Mano fing und verwandelte. Während meiner Bankausbildung gab es diese Momente allerdings nicht, und auch das Lehramtsstudium war weit weg von diesem glückseligen Gefühl der Leichtigkeit.

Das Buch hat mir auch ein mächtiges Zauberwort offenbart. Es heißt „Umkehrung" – oder physikalisch ausgedrückt: „Gegenwirkungsprinzip" – und ist äußerst wirkungsvoll im Kampf gegen die Dämonen. Ich muss noch irgendwo den Zettel haben, auf dem ich vor über dreißig Jahren notierte, was mich alles unglücklich gemacht hat. Ich hatte dann all die negativen Dinge auf dem Zettel einfach ins Positive umgekehrt und so das Geheimnis des Glücks für mich gelüftet, zumindest ein Stück weit. Als ich das Buch damals nach der letzten Seite beiseite legte, fasste ich einen Entschluss: Ich wollte auch frei und unbeschwert über mich selbst verfügen. Ich wollte im Einklang mit mir und der Welt sein. Deshalb bewarb ich mich an der Kunsthochschule.

„Ich stehe also heute hier oben, weil ich mich vor dreißig Jahren entschieden habe, dort unten zu sitzen", schreibe ich als Notiz unter die Folie, auf der das Buch mit dem *FLOW* auf dem Titel zu sehen ist.

Schon Archimedes hatte übrigens einen *FLOW*-Moment. Er saß dabei in seinem Badefass und hat das Archimedische Prinzip entdeckt. Danach soll er vor Freude nackt durch Syrakrus gerannt sein und „Heureka!" gerufen haben. Auch der erste dokumentierte Flitzer der Weltgeschichte hat seine Erkenntnis einer Randerscheinung zu verdanken. Um genau zu sein, war es das Wasser, welches über den Rand der Wanne lief, als er es mit seinem Körper verdrängte.

„Erweitert euren Horizont, meine Lieben, und erlaubt euren Augen, über den schnöden Alltag hinauszusehen!", rät Sybill Trelawney ihren Schülern in Hogwarts. Genau das will ich meinen Studenten auch beibringen. Mir gefällt der Gedanke, heimlich der Professor für Wahrsagen zu werden.

Auf einmal durchströmt ein ungutes Gefühl meine Magengegend und kriecht langsam den Brustkorb hoch. Ich erinnere mich wieder an eine weitere peinliche Situation in meiner kurzen Rednerkarriere. Ich musste vor einem Wirtschaftsausschuss einen Vortrag über „Idea Thinking" halten und begann mit einem Zitat von Willy Brandt: „Der beste Weg, die Zukunft vorauszusagen, ist, sie zu gestalten."

Ich hatte keine Ahnung, wie heftig man von einer wildgewordenen Horde Schlipsträger auseinandergenommen werden kann, wenn man den Vortrag mit einem Zitat aus der gegnerischen Partei anfängt.

Ich atme die schlechte Energie aus und gucke mir das Kabbalah-Buch über Kunst und Architektur an, welches ich mir nach meinem Besuch bei Jan Teunen bestellt habe. Es wirkt. Der Zorn verfliegt, und ich konzentriere mich wieder auf die Folien.

Die erste Kernbotschaft meiner Antrittsrede ist also die Fähigkeit des Wahrnehmens. Ich habe dazu ein paar Sätze von Justus Jonas so zusammengeschnitten, dass es sich anhört, als ob ich mit ihm telefoniere. Der Drei-Fragezeichen-Erzähler erklärt dem Publikum das Phänomen der Kopfmodelle. Das könnte ganz lustig werden und ist eine gute Überleitung zu meiner zweiten Botschaft: Entkommt der Einzelanstrengung und sucht euch von Anfang an Hilfe. Es folgt ein kurzer Erfahrungsbericht meiner magischen Momente, die mir die Co-Kreation bereits geschenkt hat, und ich zeige die „Ihr-könnt-mich-mal-kreuzweise“-Kampagne der Rock-and-Roll-Bitch Detlef. Die dritte Botschaft wird für viele die klarste sein: Dein Verstand ist eine Waffe, besiege das Mittelmaß. Ich bin mir sicher, dass bei vielen im Raum der Bert sofort einen Kopf größer wird. Die erste Klinge, die ich ziehe, ist die Cut-Up-Technik. Dann stelle ich meine *Braingrids* vor. Die Humoranleitung muss ich bis nächste Woche noch etwas ausfeilen.

„Wenn ich Ihre Frau wäre, würde ich Ihnen Gift in den Tee schütten“, hatte eine Oppositionelle während einer Rede von Winston Churchill in den Saal gerufen.

„Und wenn ich Ihr Mann wäre, würde ich ihn trinken“, soll er souverän geantwortet haben. Ob diese Anekdote wirklich genau so passiert ist, kann ich nicht sagen. Aber ich glaube gerne daran. Denn sie ist ein geniales Beispiel für das Gegenwirkungsprinzip. Churchill war ein Meister darin, die Schwingungen des Gegners aufzugreifen und blitzschnell mit einer Prise Humor umzukehren. Auch diese Anekdote erzählt von seinem Können: Der Politiker und Dramatiker George Bernhard Shaw schickte Churchill ein Telegramm: „Habe zwei Tickets für meine Premiere reserviert. Kommen Sie und bringen Sie einen Freund mit – falls es einen gibt.“

Churchill schrieb zurück: „Unmöglich, am ersten Abend zu kommen. Komme gerne zur zweiten Vorstellung – falls es eine gibt.“

Meine persönliche Sanostol-Anekdote spielt ebenfalls mit der Wechselwirkung und ist zusätzlich ein wunderbares Beispiel für die unterbewusste Wirkung von Bildern.

Spontan kreativ zu sein, ist für mich genauso schwer wie spontan lustig zu sein. Das Gegenteil zu tun ist für mich erstaunlicherweise sehr einfach.

„Sei ernst!“ oder „Sei unkreativ!“ kann ich sofort abrufen. Aber spontan kreativ sein? Dafür habe ich ja jetzt meine *Braingrids,* und mit der Schritt-für-Schritt-Anleitung klappt es auch ganz hervorragend.

Das Wichtigste für eine erfolgreiche Ideenfindung ist aber immer noch eine gute Vorbereitung. Denn nur, wenn eine Gelegenheit auch auf gute Vorbereitung trifft, sind die genialen Randerscheinungen erkennbar. Darum empfehle ich meinen Zuhörern, es Peter Moosleitner gleichzutun und sich ein persönliches *P.M.*-Magazin anzulegen, mit all den schönen Dingen, die außergewöhnlich sind: außergewöhnlich groß, alt, schön, schrecklich, gruselig oder rätselhaft. Mit all den Dingen, die früher besonders waren, heute das Leben verändern und morgen eine neue Zukunft ermöglichen. Die Grundbedingung für jedes Fundstück ist, dass es in Schönheit strahlt und eine positive Sicht auf die Welt gibt.

„Dieses persönliche Magazin wird euch dabei helfen, den Verstand zu dehnen und Randerscheinungen zu entdecken, um mutig die eingetretenen Denkpfade zu verlassen.“

Zufrieden klappe ich mein Laptop zu. Dabei fällt mein Blick auf das Apfellogo und ich überlege, ob ich mir nicht auch einen Aufkleber gestalten kann, der seine Bedeutung beim Öffnen des Bildschirms verändert. Ich gucke verträumt auf die vielen Notizen auf meinem Schreibtisch, dann aus dem Fenster. Ich muss an meine Mutter denken. MOM, sehe ich vor meinem geistigen Auge und erinnere mich daran, dass es zu WOW wird, wenn es auf dem Kopf steht. In die Mitte des O könnte ich ein Herz zeichnen, welches, auf den Kopf gestellt, zum Pik wird – das Symbol für den Verstand.

KAPITEL 33

Heureka! Ich habe es gefunden!

Ich spüre schon den ganzen Tag ein leichtes Herzklopfen und Kribbeln im Bauch. Es ist aber keine Angst. Ich bin einfach nur wahnsinnig aufgeregt und voller Vorfreude. Morgen ist mein großer Tag. Morgen halte ich meine Antrittsrede und bin offiziell Professor Jacobs. Gerade habe ich mit Alice den Popcorn-Wagen zur Kunsthochschule gebracht und die letzten Details besprochen. Alice trifft sich jetzt mit einer Freundin, bei der sie auch übernachtet. Ich habe somit das Hotelzimmer für mich allein und kann den Vortrag noch in Ruhe üben. Ich gehe die Präsentation noch ein paar Mal durch und bin sehr zufrieden mir dem Ergebnis. Besonders viel Freude bereiten mir die Titelseiten mit den illustrierten Kinderfotos. Sie sind toll geworden. Die fiktive Comicserie habe ich schlicht und einfach *Jacobs* getauft. Obwohl ich sehr zufrieden mit allem bin, denke ich dennoch, dass irgendetwas fehlt.

„Alles ist gut, so wie es ist", sage ich mir und gönne mir eine Re-Kreation in der Badewanne meines Hotelzimmers. Das warme Wasser tut unglaublich gut, und erst jetzt merke ich, wie erschöpft ich von der Fahrt und den Spätschichten der letzten Tage bin. Ich entspanne mich, mache kurz die Augen zu und schrecke dann hoch. Das Wasser läuft über. Erschrocken gucke ich auf den Wasserhahn. Er ist aus. Habe ich so zugenommen, dass mein Körper jetzt das ganze Wasser verdrängt?, frage ich mich und setze mich sofort aufrecht hin. Aber der Wasserspiegel sinkt dabei nicht, er steigt weiter an! Das Wasser läuft unaufhörlich über den Beckenrand. Fasziniert beobachte ich den plätschernden Wasserfall und frage mich, wo das ganze Wasser wohl herkommt. Dann schrillt plötzlich der Feueralarm laut auf. Ich springe aus der Badewanne, mache einen großen Schritt in Richtung Tür und will sie öffnen. Doch es geht nicht. Vermutlich hat sich dahinter auch schon Wasser gesammelt und drückt jetzt gegen die Tür. Wie hoch muss das Wasser schon stehen, wenn ich die Tür keinen Millimeter mehr bewegen kann?, überlege ich und möchte die Antwort eigentlich gar nicht wissen. Jetzt brauche ich einen guten Notfallplan, oder überhaupt erst mal eine gute Idee, wie ich hier wieder rauskomme. Die Sirene wird immer lauter und das Wasser im Raum steigt in bedrohlicher Geschwindigkeit weiter an. Jetzt geht es mir schon bis zur Hüfte.

„Ich kann so nicht nachdenken!“, schreie ich wütend in mich rein, während eine andere Stimme in mir leise mahnt: „Ruhe bewahren!“

Tatsächlich beruhige ich mich und sprühe mich vorsorglich mit der Essenz der Ruhe ein. Irgendwo hier im Raum ist die Lösung, ich sehe sie nur noch nicht.

Eine monotone Stimme ist zu hören: „Bitte verlassen Sie langsam das Hotel. Bitte verlassen Sie langsam das Hotel.“

„Das würde ich ja gerne, du Honk, aber ich kann so nicht nachdenken!“, brülle ich die Stimme laut an, und plötzlich wird alles still. Mucksmäuschenstill. Die ganze Szene friert ein. Um mich herum sehe ich die Dufttropfen, die ich mir gerade über den Kopf gesprüht habe. Auch sie sind eingefroren und stehen still schwebend in der Luft, kugelrund und wunderschön. Dann beginnen sie in allen Farben zu leuchten. Strahlendes Licht fällt durch das Fenster. Das Fenster. Natürlich. Wieso habe ich das vorher nicht gesehen, zumal es sperrangelweit offen steht? Mit einem Hechtsprung fliege ich hindurch und rolle mich gekonnt auf der anderen Seite ab. Die Menschen vor dem Hotel sind begeistert und jubeln mir zu. Mit weit geöffneten Armen renne ich durch die Menge. Ich habe völlig vergessen, dass ich nackt bin. Splitterfasernackt. Aber das ist mir egal. Ich renne einfach weiter und rufe laut: „HEUREKA!“.

Dann reiße ich die Augen auf und bin wieder hellwach. Ich liege noch in der Badewanne. Verwirrt und benommen atme ich tief durch. Ich steige aus der Wanne, ziehe den Bademantel an und öffne die Tür. Ich bin etwas erleichtert, dass sie einfach aufgeht. Der Traum war ganz schön real. Im Flur stehe ich vor dem Spiegel und gucke mich an.

„Jacobs“, denke ich. „Professor Jacobs“.

Für einen kurzen Moment habe ich Angst, dass ich noch einmal aufwache und alles, was in den letzten neun Monaten passiert ist, nur ein verrückter Traum war. Panik steigt in mir auf. Dann sehe ich im Spiegel hinter mir eine Randerscheinung. Ich drehe mich um und blicke auf den Notfallplan des Hotels. In großen roten Buchstaben lese ich „Verhalten im Brandfall“, und etwas kleiner darunter in Schwarz: „Ruhe bewahren“.

Dann geht plötzlich als ganz schnell in meinem Kopf: Das Wasser läuft über – der Feueralarm – die Notfallkarte – For Your Safety – FORDEC – Mano – Erik – WHAM!

„Heureka! Ich habe es gefunden!“, freue ich mich überglücklich. „Das fehlende Puzzleteil, das meinen Vortrag rund macht!“

Ich spüre so viel Energie in mir, dass ich mich zurückhalten muss, nicht nackt durch das Hotel zu flitzen.

Das fehlende Teil ist ein Notfallplan und ich nenne ihn: „W.H.A.M.! Watch, Help, Action und Meditate.“ Ich werde meinen gesamten Vortrag so umbauen, dass ich auf das richtige Verhalten bei Denkblockaden hinweise.

Euphorisch setze ich mich an den Schreibtisch und klappe mein Laptop auf. Im Spiegel vor mir sehe ich den WOW-Aufkleber und freue mich, dass die Buchstaben nicht nur auf dem Kopf lesbar sind, sondern auch, wenn sie spiegelverkehrt sind. WATCH ist der erste Punkt in meinem Notfallplan. Ich bin davon überzeugt, dass die beste Idee bereits existiert und direkt vor unserer Nase liegt. Wir können sie nur nicht erkennen, weil wir nicht daran glauben, dass sie wirklich da ist. „Richtig wahrnehmen" im Gegensatz zum „falschen Annehmen" – viel zu schnell bilden wir uns ein Urteil, haken etwas voreilig ab oder stürzen uns blind auf die erstbeste Möglichkeit. WATCH ist die Aufforderung, das Vorhandene genau zu beobachten und den Augen dabei zu erlauben, über den schnöden Alltag hinauszusehen. So erweitert man seinen Horizont und ist in der Lage, Randerscheinungen zu entdecken. Das wundervolle an Randerscheinungen ist, dass sie tief mit dem großen Ganzen verbunden sind, und man ganz automatisch weitere gute Ideen mit ins Licht führt. Wie oft haben Kunden schon etwas in meiner Gestaltung entdeckt, was für mich selbst noch gar nicht sichtbar war.

„Wow, wie genial!", hat erst kürzlich wieder ein Kunde gesagt, als ich ihm sein neues Logo präsentierte. „Das P sieht ja aus wie ein Pferdekopf. Hatte ich dir erzählt, dass ich Pferde liebe, und dass die Schachfigur ein wichtiges Bild in meinem Coaching ist?"

Ich hatte keine Ahnung, aber liebe es, in diesen Momenten souverän sagen zu können: „Ich freue mich, dass du es erkannt hast."

HELP ist der nächste Punkt in meinem Notfallplan: raus aus der Einzelanstrengung und rein in die Leichtigkeit der Co-Kreation. In meinem Unterricht ist Abgucken erlaubt, ja sogar erwünscht. Dieser Punkt ist schwieriger in die Köpfe zu bekommen, als ich anfangs dachte. Obwohl ich in meinen Seminaren vor den Übungen immer betone, dass alles erlaubt ist, bleiben die meisten brav an ihrem Platz sitzen, schweigen und versuchen, die Aufgabe alleine zu lösen. Und selbst, wenn sie sich quälen, weil ihnen nichts einfällt, bleiben sie lieber still sitzen und verzweifeln. Das hat die Schule aus uns gemacht! Natürlich ist Stille für konzentriertes Arbeiten wichtig, aber nicht, wenn man inmitten toller Menschen, die helfen können, still verzweifelt. Um Hilfe zu bitten, ist etwas, das ich nie gelernt habe und erst lernen musste. Wenn ich in meinen Seminaren nach kurzer Zeit die Stille auflöse und erlaube, die Übung zu zweit oder zu dritt zu machen, geht immer eine spürbare Erleichterung und Freude durch den Raum.

Wenn niemand da ist, der einem helfen kann, ist ACTION der dritte Schritt im Notfallplan. Rasenmähen, staubsaugen, abwaschen, Holz hacken oder in der Natur spazieren gehen sind gute Möglichkeiten, um aus der Denkfalle zu kommen. Wem das allerdings zu anstrengend ist, der kann sich, – ohne dabei den Raum verlassen zu müssen, von Schönheit und interessanten Dingen inspirieren lassen. Und wenn es einmal ganz schnell gehen soll, dann sind die *Braingrids* eine effektive Sofortmaßnahme. Den Druck rauszunehmen hilft bei mir aber meistens besser, als den Druck zu erhöhen. Darum ist MEDITATE der Ausklang meiner kurzen Anleitung. Ich weiß von vielen kreativen Freunden, wie viel Kraft und gute Ideen sie durch das Meditieren bekommen. David Lynch, den ich für seine Filme sehr bewundere, beschreibt in seinem Buch *Catching The Big Fish*, wie ihn die Meditation dazu ermächtigt, in kreative Quellen einzutauchen, um großartige Ideen herauszufischen. Ich selbst bin kein Meister der Meditation, aber ich kann richtig gut träumen. Wenn ich mich an einem kraftvollen Ort der Ruhe entspanne und gedankenversunken meinem Verstand freien Lauf lasse, dann schwinge ich im Einklang mit der Welt. Manchmal verschmelze ich sogar so stark mit dem Hier und Jetzt, dass ich das Gefühl habe, meinen Körper zu verlassen und mich selbst dabei zu beobachten, wie ich einfach nur da sitze und träume. Das ist mein persönlicher *FLOW*-Moment.

Glücklich und zufrieden klappe ich mein Laptop zu. Dann habe ich eine neue Idee und klappe ihn wieder auf. Ich könnte doch noch eine Titelseite illustrieren, auf der ich nackt durch die Menschenmenge renne und „Heureka!" rufe. Das wäre ein aufmerksamkeitsstarkes Bild für die erste Folie. Ich gucke auf die Uhr. Es ist erst 23 Uhr. Das schaffe ich noch.

KAPITEL 34

Alles ist irgendwie miteinander verbunden.

„Papa, Telefon."

Ich schrecke aus dem Schlaf hoch. Wie spät ist es, habe ich verschlafen? Panisch suche ich mein Handy.

„Paapaa, Teeleefoon." Es liegt noch auf dem Schreibtisch. Ich stehe auf und gucke auf die Uhrzeit. Es ist acht Uhr.

„Paaapaaa Teeleefooon." Es ist mein Sohn.

„Wir sind unterwegs, schick mir bitte mal die genaue Adresse", höre ich ihn sagen.

„Wer ist wir und wohin bist du unterwegs?", frage ich schlaftrunken.

„Ich bin wir", höre ich meine Tochter fröhlich über die Freisprechanlage sagen. „Jack und ich wollen deinen Vortrag hören und Popcorn essen."

Die Überraschung trifft mich eiskalt, und gleichzeitig wird mir ganz warm ums Herz.

„Das ist ja eine schöne Überraschung. Ich freue mich auf euch!"

Um 9 Uhr treffe ich mich mit Alice zum Frühstück. Aufgeregt erzähle ich ihr von meinem Traum und der WHAM!-Formel. Dann zeige ich ihr mein neues Titelbild. Sie lacht laut auf und fragt: „Warum sieht man dich denn nur von hinten?"

Um halb elf sind wir in der Hochschule. Um 12 Uhr geht es los. Der Countdown läuft. Alice wirft schon mal den Popcorn-Wagen an. Jack und Ebba müssten jeden Moment hier sein. Ich mache noch einen Technik-Check und fülle die Seifenblasenmaschine auf. Der Saal füllt sich langsam, und es riecht schon überall nach Popcorn. Dann stehen Jack und Ebba schmatzend vor mir. Ich nehme sie in den Arm und tanke eine Portion Kraft auf. Sie setzen sich mit Alice zusammen in die letzte Reihe, und ich setze mich in die erste. Neben mir sitzt Florian, der schon gestern Abend aus Berlin angereist ist. Auch davon wusste ich nichts.

Habe ich an alles gedacht?, frage ich mich und gehe meine Unterlagen noch mal durch. *FLOW,* steht in großen Buchstaben auf dem Buch, das ich in meinen Händen halte. Es soll mir heute Glück bringen. So, wie es mir schon vor dreißig Jahren Glück gebracht hat, obwohl es alles in meinem Leben verändert hat. Ich schaue auf das Buch und spüre, wie es mir Kraft gibt. *FLOW,* lese ich ein paar Mal in Gedanken und erschrecke. Da ist er ja wieder!, denke ich und muss innerlich erleichtert lachen. Er war die ganze Zeit bei mir. Ja, sage ich zu mir. Alles ist irgendwie miteinander verbunden.

Glücklich spüre ich ein tiefes Vertrauen. Es wird alles gut. Im Saal wird es ruhiger. Mein Herzschlag wird lauter. Ich muss tiefer und länger atmen, um genug Luft zu bekommen. Dann ist es still. Die Direktorin der Hochschule betritt die Bühne. Ich höre nicht mehr, was sie sagt, weil ich in Gedanken meine Rede durchgehe. Habe ich alles? Habe ich die richtige Präsentation auf den Rechner übertragen? Es war heute Morgen alles so hektisch. Um mich zu beruhigen, lese ich noch mal die vier großen Buchstaben auf dem Titel. Einmal vorwärts und dann rückwärts: *WOLF.*

»Ich liebe das Besondere inmitten der Norm.«

ANDY JACOBS

Von grauen Zellen zu bunten Ideen.

WHAM! Der Notfallplan bei Denkblockaden ist ein Roman voller Inspirationen, Kreativitätstechniken und praktischen Tipps. Vom Lesen alleine jedoch wirst Du noch nicht kreativer. *Machen* ist das Zauberwort. Darum habe ich ein intensives Training entwickelt, in dem ich Dir Schritt für Schritt zeige, wie ich selbst Ideen produziere, mit meinem Netzwerk zusammenarbeite und Ideensprints mit meinen Kunden durchführe. Alles von A bis Z erklärt. Zum sofort Anwenden, Verbessern oder Weiterspinnen.

Der *Notfallplan,* die *Orakelei* und die *Braingrids* sind natürlich in aller Ausführlichkeit dabei.

WHAM! Orakelei BRAIN GRIDS

Die stärkste Absicht in meinen Ideenseminaren ist es, der Kreativität wieder einen hohen Wert zu geben. Und das ganz besonders im materiellen Sinne. Gönne Dir ein Upgrade Deiner wertvollsten Fähigkeit: der Kreativität.

ALICE HARWARDT
Alice
und die Kunst der Manifestation
REUTINGER
Great Stories
ROMAN

ALICE

Wer genau ist eigentlich diese wundervolle Alice an der Seite von Andy Jacobs, und wie haben die beiden sich kennengelernt? Diese Fragen beantwortet Alice Harwardt in ihrem Erstlingswerk über die Kunst der Manifastion.

Ich rannte durch den dunklen Wald. Ich rannte, so schnell ich konnte. Ein Rudel Wölfe war hinter mir her. In der Ferne hörte ich die jaulenden Tiere. Mein Herz raste, mein Mund war trocken und mein Rachen brannte. Ich bekam kaum noch Luft. Das Stechen in meiner Hüfte war schwer auszuhalten. Ich wollte schneller laufen, schneller als die Wölfe hinter mir – doch meine zitternden Beine kamen nicht hinterher. Ich wusste schon lange nicht mehr, wo ich war. Ich lief, ohne nachzudenken.

Je näher die Wölfe kamen, umso größer wurde meine Angst. Äste knackten unter meinen Füßen. Der Schweiß lief mir von der Stirn über das Gesicht. In der kalten Luft sah ich, wie mein heißer Atem mit dem Nebel verschmolz. Dann versagten meine Kräfte. Ich konnte nicht mehr. Ich wollte mich fallen lassen. Sollten die Wölfe mich doch fressen, dann wäre es wenigstens vorbei! Ich keuchte, das Seitenstechen war inzwischen unerträglich. Die Wölfe mussten jetzt direkt hinter mir sein. Ich schaute mich um, prallte dabei gegen einen Baum und sank vor Schmerz in die Knie. Erschöpft ließ ich mich auf den Boden gleiten.

So beginnt der fesselnde Roman *Alice* und führt die Leser auf über 200 Seiten in eine geheimnisvolle Welt voller überraschender und lehrreicher Prüfungen.

Alice & Jacobs
THE POWER OF CREATIVITY

THE POWER OF CREATIVITY

Alice and Jacobs

Wir sind Alice Harwardt & Andy Jacobs, Experten für Kreativität und Manifestation. Wir wollen Dich dazu inspirieren, mutig Deinen Verstand zu dehnen, um verborgene Welten zu erforschen, ein glückliches Leben zu erschaffen und eine neue Zivilisation zu ermöglichen.

Wir lieben die moderne Mystik, verrückte Ideen und die Genialität eines jeden Menschen. Unsere Spezialität und Leidenschaft ist das visuelle Storytelling.

Tauch ein in die Welt von *Alice & Jacobs* und entdecke unsere multisensorischen Kurse für alle Sinne, gönne Dir unsere praktischen Produkte für die erfolgreiche Manifestation oder genieße einfach unsere Filme und Vorträge.

REUTINGER
Great Stories

IMPRESSUM

Erstauflage 2022

Published by Reutinger
www.reutinger.com

Lektorat: Cornelia Jeske
Design : Reutinger
Druck: Ph. Reinheimer GmbH
ISBN: 978-3-949877-01-8